司法試験トップ合格者らが伝えておきたい勉強法と体験記

編著 大島 眞一（徳島地方・家庭裁判所長）

新日本法規

はしがき

　法科大学院は、どこに進んでいくのであろうか──
　平成16、17年に設立された法科大学院は、74校を数えたが、既に37校は撤退し、あるいは撤退を表明している。法科大学院をこれからどう進めるべきかが今なお議論され、いっこうに安定しない。
　他方、見方を変えると、法科大学院スタート時点の志願者が多すぎたのであって、それが減少し、合格率は向上し、本来の形に姿を変えようとしていると評することもできる。

　本書は、司法試験を目指す方に対し、合格への「道しるべ」にならんとして出版したものである。平成28年司法試験に順位1位と7位で合格した方に、司法試験合格のための勉強方法や試験対策などを書いてもらった。同じ知識でも高得点に結びつく答案の記載方法など、できるだけ具体的に書いてもらったので、読者の勉強方法や答案の記載の参考になるはずである。
　それとともに、平成25年、平成28年及び平成29年に合格した方並びにそれ以前も含め不合格となった方合計11人に、司法試験を振り返ってどうだったのかを書いてもらった。合格者9人（うち1人は合格したが別の道を歩む）、不合格者2人、司法試験受験回数1回4人、2回1人、3回1人、4回2人、5回2人、6回1人、法科大学院修了者10人、予備試験合格者2人（うち1人は法科大学院も修了しており、両者にカウント）などという内訳である。司法試験をいろいろな人が受けているのであり、それぞれいかに合格するように工夫し、努力しているかがわかる。
　さらに、平成30年司法試験で従来と傾向が変わった憲法と刑法については、留意点等を記した。

ほかにも、ＧＰＳ判決で有名になった亀石倫子さんを始め、司法試験に合格して何年か経つ人にコラムを書いてもらった。

　本書は、よく見かける合格体験記とは異なる。苦労したが最後に合格して終わり、というものではない。喜びと苦しみを味わいながらも、司法試験という目標に向かって歩み続けた者の記録である。これから司法試験という大きな山を越えようとしている法科大学院生や司法試験受験生に参考になるはずである。

　本書の出版に当たり、新日本法規出版の宇野貴普さんに大変お世話になった。厚くお礼を申し上げたい。

　本書を手に取られた方が「司法試験合格」という目標を達せられることを心より祈念して、はしがきとしたい。

平成30年7月

徳島地方・家庭裁判所長
大　島　眞　一

編集者・執筆者一覧

編集者
　　　　大　島　眞　一（徳島地方・家庭裁判所長）

執筆者（五十音順）
　　　　浅　井　　　翼（福井地方裁判所判事補
　　　　　　　　　　　・平成28年司法試験成績7位）
　　　　牛　濱　裕　輝（神戸地方裁判所判事補
　　　　　　　　　　　・平成28年司法試験成績1位）
　　　　大　岸　裕　介（弁護士）
　　　　大　島　眞　一（徳島地方・家庭裁判所長）
　　　　亀　石　倫　子（弁護士）
　　　　河　原　里　香（司法修習生）
　　　　木　村　吉　宏（弁理士・司法修習生）
　　　　坂　本　　　望（弁護士）
　　　　龍　村　昭　子（弁護士）
　　　　豊　田　祐　介（弁護士）
　　　　中　村　衣　里（弁護士）
　　　　中　村　優　子（弁護士）
　　　　夏　目　麻　央（弁護士）
　　　　松　﨑　香　織（弁護士・講師（講師名：松来香歩））
　　　　吉　﨑　眞　人（弁護士）
　　　　吉　原　　　秀（弁護士）

（挿　絵）秋　吉　　　忍（弁護士）

目　次

ページ

第1章　はじめに【大島眞一】……………………………1

コラム　自分らしく、自由に生きる【亀石倫子】……………25

第2章　司法試験上位合格者の勉強法

勉強法　司法試験合格までの記録
　　　〜原理・原則からの考えを重視〜【牛濱裕輝】…………33
　1　一般的な勉強法について……………………………33
　　(1)　勉強をする際の基本的な視点……………………33
　　(2)　勉強方法について………………………………36
　2　短答式試験の対策について…………………………39
　　(1)　短答式対策の開始時期について…………………39
　　(2)　私の行った具体的な勉強法………………………40
　3　論文式試験の対策について…………………………41
　　(1)　法律の論文の書き方について意識していたこと……41
　　(2)　論文式試験の勉強法について……………………46
　　(3)　科目別の留意点と勉強法…………………………50
　　　〔憲　法〕………………………………………50
　　　〔行政法〕………………………………………55
　　　〔民　法〕………………………………………58
　　　〔商　法〕………………………………………62
　　　〔民事訴訟法〕…………………………………66

〔刑　法〕……………………………………………………70
〔刑事訴訟法〕………………………………………………73

勉強法　司法試験合格までの記録
～自分にあった勉強法を見つける
　　ために～【浅井　翼】………………………………76
1　初学者段階………………………………………………76
　(1)　基本書の選び方……………………………………76
　(2)　基本書の読み方・線の引き方……………………79
　(3)　暗記の方法…………………………………………80
　(4)　薄めの本を読む……………………………………81
2　論文問題で高得点を取るためには（総論）……………82
　(1)　総　論………………………………………………82
　(2)　具体例～刑事訴訟法の強制処分の問題～………84
　(3)　本番と同じ問題形式の初見の問題をたくさん書
　　　くことの大切さ……………………………………97
3　短答の勉強法……………………………………………98
　(1)　実際に私がした勉強法……………………………98
　(2)　体系別の過去問集か肢別の問題集か……………101
　(3)　短答対策をいつ始めるべきか……………………103
4　論文問題で高得点を取るためには（各論―司法試験）…106
　(1)　憲　法………………………………………………106
　(2)　行政法………………………………………………112
　(3)　民　法………………………………………………114
　(4)　商　法………………………………………………117
　(5)　民事訴訟法…………………………………………118
　(6)　刑　法………………………………………………120
　(7)　刑事訴訟法…………………………………………122

| 勉強法 | 平成30年司法試験の傾向【匿　　名】………………… 125 |

 1　憲　法………………………………………………… 125
  (1)　設問形式………………………………………… 125
  (2)　判例の理解……………………………………… 125
  (3)　分量及び時間配分……………………………… 125
  (4)　勉強法…………………………………………… 126
 2　刑　法………………………………………………… 126
  (1)　設問形式………………………………………… 126
  (2)　分量及び時間配分……………………………… 127
  (3)　勉強法…………………………………………… 127

| コラム | 勉強している自分を嫌いにならないこと【夏目麻央】……………………………… 129 |

第3章　司法試験体験記

| 体験記 | 4度目の正直
－飛び級、短答式試験不合格、就職、
リトライの軌跡－【松﨑香織】………………… 132 |

| 体験記 | 不安のなかで【坂本　望】……………………………… 140 |

| 体験記 | 私の合格滑り込み大作戦【中村優子】………………… 146 |

| 体験記 | 高卒からの挑戦【大岸裕介】…………………………… 154 |

| 体験記 | ハーバード大学LL.M.取得者が挑戦した司法試験【吉﨑眞人】……………………… 161 |

| 体験記 | 司法試験合格に向けた勉強法
－勉強法を模索することの重要性
について－【吉原　秀】……………… 169

| 体験記 | 勤務しながら5回目で合格【木村吉宏】……………… 177

| 体験記 | 予備試験のすゝめ【河原里香】……………… 182

| コラム | 弁護士として社会に貢献を【豊田祐介】……………… 189

| コラム | 熊本地震被災者向け電話法律相談【龍村昭子】……… 193

| コラム | ジェンダー・ギャップ指数【中村衣里】……………… 195

| 体験記 | 頑張り通す気持ちを支えに
－不合格体験記【匿　名】……………… 199

| 体験記 | 努力は無駄にならない【匿　名】……………… 209

| 体験記 | 占有権ほど純粋な権利はない【匿　名】……………… 214

第1章　はじめに

大島　眞一

1　栄華を誇った法科大学院

　春高楼の花の宴　巡る盃　影さして
　千代の松が枝　分け出でし　昔の光　今いずこ

（桜花満開の城内では花見の宴会が開かれている。次から次へと回される盃に月光が映っている。長い年月を生きた松の枝の間から射しこんで栄華を写した月光は、今どこに行ったのだろうか。）

　平成16年4月に法科大学院は発足した。法科大学院は、平成17年4月開校を含め、74校を数えた。入学式は桜の季節である。法科大学院の入学者は、希望に満ちあふれており、満開の桜の下で満面の笑みを浮かべていた。「平成22（2010）年ころには、新司法試験の合格者数の年間3,000人達成を目指すべきである。」（平成13年6月12日付け「司法制度改革審議会意見書」）と威勢が良かった。

　ところが、──法科大学院発足から14年が経過した平成30年6月時点で、既に半数に当たる37校が姿を消した。四国でも、唯一の法科大学院であった香川・愛媛法科大学院は既に撤退し、法科大学院は存在しなくなっている。結局、合格者数が3,000人に達することなく、前記の意見書は葬り去られた──

　下記＜資料1＞②にあるのは、法科大学院受験者数、入学者数及び修了者数の表である。平成16年の法科大学院発足時の受験者数は、4万人を超えていたが、今や7,500人を割り込んでいる。

第1章 はじめに

　各法科大学院の入学定員及び実入学者数の推移をみたのは、下記＜資料2＞である。実入学者数は平成17年が5,544人であったのに対し、平成29年は1,704人と3分の1以下に減っている。74校を数えた法科大学院は37校に減った。

　法科大学院に入学するためには、適性試験を受ける必要があるが、その数は、下記＜資料1＞①のとおり、平成29年度は、平成15年度の大学入試センターの受験者数と比較しても、10分の1以下となっている（なお、適性試験は平成30年度は実施されない。）。

　予備試験の受験生がかなり増えたが、下記＜資料1＞③にあるように、最近は、1万人を超えたあたりで増加率は鈍化しており、法科大学院の受験者約7,500人を加えても（両者はかなりダブっていると思うが）、平成16年当時と比べても、大きく割り込んでいる。

　法科大学院発足当時の熱気は、今や完全に過去のものとなったように思える。

　栄華を写した月光は、今どこに行ったのだろうか・・・

＜資料1＞

①法科大学院適性試験志願者数及び受験者数

	日弁連法務研究財団		大学入試センター	
	志願者数	受験者数	志願者数	受験者数
平成15年度	20,043	18,355	39,350	35,521
平成16年度	13,993	12,249	24,036	21,429
平成17年度	10,724	9,617	19,859	17,872
平成18年度	12,433	11,213	18,450	16,680
平成19年度	11,945	10,798	15,937	14,323
平成20年度	9,930	8,940	13,138	11,870
平成21年度	8,547	7,737	10,282	9,370
平成22年度	7,820	7,066	8,650	7,909
平成23年度	7,829	7,249		
平成24年度	6,457	5,967		
平成25年度	5,377	4,945		
平成26年度	4,407	4,091		
平成27年度	3,928	3,621		
平成28年度	3,535	3,286		
平成29年度	3,322	3,086		

※　平成23年度試験から、適性試験の実施主体が日弁連法務研究財団に一本化された。
※　平成23年度試験から、年2回行われるようになった。表中の数字は、実志願者数及び実受験者数である。

第1章 はじめに

②法科大学院受験者数，入学者数及び修了者数

	法科大学院受験者数	法科大学院入学者数			法科大学院修了者数
		合計	うち既修者	うち未修者	
平成16年度	40,810	5,767	2,350	3,417	—
平成17年度	30,310	5,544	2,063	3,481	2,176
平成18年度	29,592	5,784	2,179	3,605	4,418
平成19年度	31,080	5,713	2,169	3,544	4,911
平成20年度	31,212	5,397	2,066	3,331	4,994
平成21年度	25,804	4,844	2,021	2,823	4,792
平成22年度	21,319	4,122	1,923	2,199	4,535
平成23年度	20,497	3,620	1,916	1,704	3,937
平成24年度	16,519	3,150	1,825	1,325	3,459
平成25年度	12,390	2,698	1,617	1,081	3,037
平成26年度	10,267	2,272	1,461	811	2,511
平成27年度	9,351	2,201	1,431	770	2,190
平成28年度	7,518	1,857	1,222	635	1,872
平成29年度	7,449	1,704	1,137	567	

※ 文部科学省公表資料による。
※ 法科大学院受験者数は，各大学における入学者選抜の受験者数の合計である。

③司法試験予備試験受験者数及び合格者数

	短答式受験者数	最終合格者数	対短答受験者合格率
平成23年	6,477	116	1.79%
平成24年	7,183	219	3.05%
平成25年	9,224	351	3.81%
平成26年	10,347	356	3.44%
平成27年	10,334	394	3.81%
平成28年	10,442	405	3.88%
平成29年	10,743	444	4.13%

出典：「法曹養成制度改革連絡協議会　第8回協議会資料1-12」(法務省)(http://www.moj.go.jp/housei/shihouseido/housei10_00164.html)(2018.6.11)を加工して作成

<資料2>　各法科大学院の入学定員及び実入学者数の推移

累積合格率	大学名	入学定員 H17	…	H29	H30(予定)	対前年度	対ピーク時	実入学者数 H17	…	H29	対前年度
80.4%	一橋大学	100	…	85	85	0	▲15	105	…	85	▲3
78.9%	東京大学	300	…	230	230	0	▲70	306	…	210	▲7
78.6%	京都大学	200	…	160	160	0	▲40	203	…	157	2
76.6%	慶應義塾大学	260	…	220	220	0	▲40	250	…	182	16
70.9%	神戸大学	100	…	80	80	0	▲20	105	…	70	▲4
68.2%	中央大学	300	…	240	200	▲40	▲100	230	…	128	▲64
63.8%	愛知大学	40	…	20	20	0	▲20	38	…	8	1
63.7%	大阪大学	100	…	80	80	0	▲20	98	…	52	2
63.0%	北海道大学	100	…	50	50	0	▲50	96	…	41	2
62.3%	早稲田大学	300	…	200	200	0	▲100	290	…	112	▲17
62.1%	千葉大学	50	…	40	40	0	▲10	51	…	16	0
60.1%	首都大学東京	65	…	52	52	0	▲13	60	…	30	▲14
58.8%	東北大学	100	…	50	50	0	▲50	99	…	44	12
58.3%	名古屋大学	80	…	50	50	0	▲30	86	…	29	8
53.8%	九州大学	100	…	45	45	0	▲55	93	…	39	4
51.7%	大阪市立大学	75	…	30	30	0	▲45	70	…	19	2
48.6%	明治大学	200	…	120	40	▲80	▲160	209	…	40	▲12
47.0%	同志社大学	150	…	70	70	0	▲80	158	…	48	▲6
45.9%	上智大学	100	…	40	40	0	▲60	103	…	20	▲11
45.3%	創価大学	50	…	28	28	0	▲22	51	…	18	9
43.6%	岡山大学	60	…	24	24	0	▲36	60	…	13	▲6
43.3%	広島大学	60	…	20	20	0	▲40	56	…	11	2

%	大学名									備考
42.5%	立命館大学	150	…	70	70	0	▲80	148	…	18	▲12	
42.4%	横浜国立大学	50	…	25	25	0	▲25	54	…	10	▲2	※H31年度より学生募集停止予定
42.3%	学習院大学	65	…	30	30	0	▲35	53	…	16	▲2	
42.0%	金沢大学	40	…	15	15	0	▲25	39	…	12	4	
41.7%	福岡大学	50	…	20	20	0	▲30	50	…	9	4	
41.7%	関西学院大学	125	…	30	20	0	▲95	127	…	20	▲6	H28年度より学生募集停止
40.8%	山梨学院大学	40	…	-	30	-	▲40	26	…	7	2	
39.2%	南山大学	50	…	20	20	0	▲30	40	…	7	2	
38.8%	法政大学	100	…	30	30	0	▲70	117	…	17	4	H30年度より学生募集停止
36.9%	立教大学	70	…	40	-	▲40	▲70	65	…	19	6	H28年度より学生募集停止
35.8%	関西大学	130	…	40	40	0	▲90	135	…	26	▲2	
36.1%	中京大学	30	…	-	-	-	▲30	32	…	-	-	
35.0%	琉球大学	30	…	16	16	0	▲14	31	…	12	4	
34.9%	熊本大学	30	…	-	-	-	▲30	34	…	-	-	H28年度より学生募集停止
34.7%	成蹊大学	50	…	-	-	-	▲50	43	…	-	▲10	H29年度より学生募集停止
33.2%	甲南大学	60	…	20	20	0	▲40	63	…	18	7	
33.2%	新潟大学	60	…	-	-	-	▲60	60	…	-	-	H28年度をもって廃止
33.1%	専修大学	60	…	28	28	0	▲32	53	…	28	7	
31.1%	広島修道大学	50	…	-	-	-	▲50	43	…	-	-	H28年度をもって廃止
30.1%	名城大学	50	…	-	-	-	▲50	48	…	-	8	H29年度より学生募集停止
29.7%	筑波大学	40	…	36	36	0	▲4	40	…	35	0	
29.5%	近畿大学	60	…	30	20	▲10	▲40	44	…	6	3	※H31年度より学生募集停止予定
29.0%	神奈川大学	50	…	-	-	-	▲50	47	…	-	-	H28年度より学生募集停止
27.9%	白鷗大学	30	…	-	-	-	▲30	26	…	-	-	H28年度をもって廃止
27.7%	北海学園大学	30	…	18	18	▲18	▲30	23	…	6	5	H30年度より学生募集停止
27.3%	静岡大学	30	…	-	-	-	▲30	31	…	-	-	H28年度より学生募集停止
26.9%	西南学院大学	50	…	20	20	0	▲30	42	…	3	▲12	
25.7%	日本大学	100	…	60	60	0	▲40	82	…	38	4	
25.3%	関東学院大学	60	…	-	-	-	▲60	44	…	-	-	H27年度より学生募集停止
24.8%	東洋大学	50	…	-	-	-	▲50	49	…	-	-	H28年度より学生募集停止
24.8%	島根大学	30	…	-	-	-	▲30	30	…	-	-	H27年度より学生募集停止

第1章　はじめに

累積合格率	大学名	H30入学定員					合格者数			備考
24.7%	青山学院大学	60	...	18	▲18	60	54	...	12	▲1	H30年度より学生募集停止
24.0%	明治学院大学	80	...	...	...	▲80	62	...	-	-	H28年度をもって廃止
23.9%	駒澤大学	50	...	36	36	0	▲14	43	...	10	1	
23.5%	香川大学	30	...	-	-	▲30	30	...	-	-	H28年度をもって廃止
22.9%	信州大学	40	...	-	-	▲40	36	...	-	-	H26年度をもって廃止
22.3%	神戸学院大学	60	...	-	-	▲40	40	...	-	-	H28年度をもって廃止
21.9%	東北学院大学	50	...	-	-	▲50	40	...	-	-	H28年度をもって廃止
20.2%	獨協大学	50	...	-	-	▲50	48	...	-	-	H28年度をもって廃止
20.0%	桐蔭横浜大学	70	...	30	30	▲30	▲70	79	...	10	▲3	H30年度より学生募集停止
19.8%	龍谷大学	60	...	-	-	▲60	58	...	-	-	H28年度をもって廃止
19.5%	大宮法科大学院大学	100	...	-	-	▲100	97	...	-	-	H27年度をもって廃止
19.1%	久留米大学	40	...	-	-	▲40	34	...	-	-	H28年度をもって廃止
18.0%	國學院大學	50	...	-	-	▲50	39	...	-	-	H28年度をもって廃止
17.0%	鹿児島大学	30	...	-	-	▲30	30	...	-	-	H28年度をもって廃止
16.3%	駿河台大学	60	...	-	-	▲65	65	...	-	-	H28年度をもって廃止
14.6%	東海大学	50	...	-	-	▲50	42	...	-	-	H28年度をもって廃止
14.4%	大阪学院大学	50	...	-	-	▲50	49	...	-	-	H28年度をもって廃止
14.2%	京都産業大学	60	...	-	-	▲60	47	...	-	-	H28年度をもって廃止
14.0%	愛知学院大学	35	...	-	-	▲35	28	...	-	-	H28年度をもって廃止
13.7%	大東文化大学	50	...	-	-	▲50	56	...	-	-	H27年度をもって廃止
3.8%	姫路獨協大学	40	...	-	-	▲40	31	...	-	-	H24年度をもって廃止
	計	5,825		2,566	2,330	▲236	▲3,495	5,544	...	1,704	▲153	

（平成29年9月12日現在）

※ 累積合格率は、各法科大学院の全修了者の受験者実数に対する司法試験の合格者数の割合（平成29年までの司法試験合格状況に基づき算出）。
※ 濃い網掛け部分は前年の入学定員から見直しが行われた部分。
※ H30入学定員（予定）は、平成29年7月上旬までに各法科大学院から文部科学省に報告されたものであり、今後変更の可能性がある。

出典：「法曹養成制度改革連絡協議会　第8回協議会資料3-2」（法務省）（http://www.moj.go.jp/housei/shihou-seido/housei10_00164.html）（2018.6.11）を加工して作成

2 司法試験受験生の視点で見ると──

と、法科大学院の現状を嘆いても、始まらない。

視点を司法試験受験生に変えてみると、むしろ合格しやすくなったといえる。

まず、司法試験合格者数を見ると、下記＜資料3＞のとおり、平成20年に新・旧の司法試験合格者数の合計が2,200人を超えた後、減少に向かっているが、平成28、29年は1,500人を超えている。平成27年6月30日付け法曹養成制度改革推進会議決定では、「当面、……1,500人程度は輩出されるよう、必要な取組を進め……」とされており、今後も1,500人程度は合格する見込みである。

どれだけの合格者数を輩出するのが望ましいかは、修習生の多くは弁護士になるのであるから、弁護士未登録者の推移をみるのが最も参考になる。弁護士未登録者の数は、一括登録日から約4か月後でみると、司法修習69期（平成28年司法修習終了）は46人（2.6％）であり、62期（平成21年司法修習終了）あたりと似た数値となっている。2,000人を超える合格者数を輩出していた64期〜66期（平成23年〜平成25年司法修習終了）は100人以上の未登録者数を出していたことと比較すると、明らかに改善している（「法曹養成制度改革連絡協議会　第8回協議会資料1-6」（法務省）参照）。実際、実務修習の終わり頃に修習生に就職活動状況を聞くと、以前はまだ決まっておらず、集合修習に持ち越すことになった旨答える修習生が少なからずいたが、最近は就職先が集合修習前に決まっている人が圧倒的に多いという印象である。そうすると、法曹の需要を考えると、1,500人程度の合格者は必要な数であるといえそうである。

<資料3>

司法試験受験者数及び合格者数

	司法試験受験者数			司法試験合格者数		
	合計	うち新試験	うち旧試験	合計	うち新試験	うち旧試験
平成16年	43,367		43,367	1,483		1,483
平成17年	39,428		39,428	1,464		1,464
平成18年	32,339	2,091	30,248	1,558	1,009	549
平成19年	27,913	4,607	23,306	2,099	1,851	248
平成20年	24,464	6,261	18,203	2,209	2,065	144
平成21年	22,613	7,392	15,221	2,135	2,043	92
平成22年	21,386	8,163	13,223	2,133	2,074	59
平成23年	8,771	8,765	6	2,069	2,063	6
平成24年	8,387	8,387		2,102	2,102	
平成25年	7,653	7,653		2,049	2,049	
平成26年	8,015	8,015		1,810	1,810	
平成27年	8,016	8,016		1,850	1,850	
平成28年	6,899	6,899		1,583	1,583	
平成29年	5,967	5,967		1,543	1,543	

※ 旧司法試験については、第二次試験短答式試験の受験者数及び最終合格者数を示した。
※ 旧司法試験第二次試験の平成23年試験については、平成22年口述試験不合格者のみが受験できる。

出典:「法曹養成制度改革連絡協議会 第8回協議会資料1-13」(法務省)(http://www.moj.go.jp/housei/shihouseido/housei10_00164.html)(2018.6.11)から一部抜粋

CHECK 司法修習とは

司法修習は、9月中旬に司法試験の合格発表がされた後、修習の申込み、修習地の決定を経て、12月初めから実施される。
導入修習(司法研修所で実施) 12月上旬~12月下旬
実務修習-分野別修習(各修習地で実施。各7~8週間程度)
　第1クール(1月上旬~2月下旬)　民事裁判
　第2クール(3月上旬~4月下旬)　検察
　第3クール(4月下旬~6月中旬)　刑事裁判
　第4クール(6月下旬~8月中旬)　弁護
実務修習-選択修習(各修習地で実施。全国プログラムもあり)
　8月中旬~9月下旬
集合修習(司法研修所で実施) 10月上旬~11月下旬
2回試験 11月下旬
実務修習は、各修習生が班に分かれて4つを回る。上記は1つの例である。また、実務修習の選択修習と集合修習は、修習地によって逆になることがある。

第1章　はじめに

では、次に、法科大学院の修了者（司法試験の受験者）数を考えてみる。

もう一度前掲の＜資料1＞を見ると、法科大学院における平成29年度の受験者数、入学者数の状況であるが、法科大学院発足当初のピーク時と比較すると、法科大学院受験者数は81.7％減少し（4万810人→7,449人）、法科大学院入学者数は70.5％も減っている（5,767人→1,704人）。司法試験の受験者数は今後も減少が見込まれ、1,500人程度で安定したとする。

予備試験からの合格者数が不透明であるが、大幅に増えるとは考えにくく、500人程度とすると、法科大学院の合格者は1,000人となる。

そうすると、法科大学院修了生は、1,500人が司法試験を受験し、1,000人が合格するので、累計でのことではあるが、3分の2が合格することになり、概ね7割という合格者に近いものになる。

これまでの合格率は累計で約52％であるが、将来的にそれを上回るのは確実である。

これから司法試験を受験する者にとっては、法科大学院発足後まもなくの時点からすると、合格しやすくなったことは間違いのないところであるといえる。

3　未修者

どんよりとした空模様である。いつか晴れるのでは、という期待があった。ところが──いつの間にか大雨が降り続いている。

現在、大きな問題は、未修者である。

未修者については、入学試験で法律試験を課してはならず、広く多様な人材を求めたものである。平成13年6月12日付け「司法制度改革審議会意見書」において、「標準修業年限は3年とし、短縮型として2年での修了を認めることとすべきである。」とされた。法科大学院発足時、未修者が原則型とされ、法科大学院入学者に占める法学系課程以

外の課程出身者又は実務経験者の合計割合を「3割以上」と規定された（平成15年文部科学省告示53号）。法律家は、社会に存在する様々な問題について多様な見方をし、広範な国民の委託にこたえることが必要であり、そのためには、法学部出身者だけではなく、多様なバックグラウンドを持つ人が法曹になることが望ましいといえる。

ところが、未修者は、受験者も合格者も年々減少の一途である。下記＜資料4＞は、法科大学院発足当初からの各部系統別の入学者数を示したものであるが、法学は65.5％から85.4％に増え、他方、法学以外の文系は22.0％から10.3％に、理系は8.4％から2.4％にそれぞれ大幅に減少している。

＜資料4＞

法科大学院の各部系統別の入学者数 (単位：人)

区　分	法　学	文系（法学以外）	理系	その他	計
H16	3,779 (65.5%)	1,269 (22.0%)	486 (8.4%)	233 (4.0%)	5,767
H17	3,884 (70.1%)	1,050 (18.9%)	432 (7.8%)	178 (3.2%)	5,544
H18	4,150 (71.7%)	1,138 (19.7%)	326 (5.6%)	170 (2.9%)	5,784
H19	4,223 (73.9%)	1,061 (18.6%)	273 (4.8%)	156 (2.7%)	5,713
H20	3,987 (73.9%)	972 (18.0%)	282 (5.2%)	156 (2.9%)	5,397
H21	3,620 (74.7%)	801 (16.5%)	247 (5.1%)	176 (3.6%)	4,844
H22	3,254 (78.9%)	572 (13.9%)	131 (3.2%)	165 (4.0%)	4,122
H23	2,872 (79.3%)	517 (14.3%)	134 (3.7%)	97 (2.7%)	3,620
H24	2,559 (81.2%)	406 (12.9%)	94 (3.0%)	91 (2.9%)	3,150
H25	2,196 (81.4%)	348 (12.9%)	84 (3.1%)	70 (2.6%)	2,698
H26	1,926 (84.8%)	252 (11.1%)	58 (2.6%)	36 (1.6%)	2,272
H27	1,850 (84.1%)	249 (11.3%)	56 (2.5%)	46 (2.1%)	2,201
H28	1,589 (85.6%)	191 (10.3%)	43 (2.3%)	34 (1.8%)	1,857
H29	1,455 (85.4%)	176 (10.3%)	41 (2.4%)	32 (1.9%)	1,704

(注) 「文系」は人文科学・社会科学系学部、「理系」は理学・工学・農学・保健・商船系学部、「その他」は家政・教育・芸術系学部その他。
出典：「法曹養成制度改革連絡協議会　第7回協議会資料10」（法務省）（http://www.moj.go.jp/housei/shihouseido/housei10_00158.html）（2018.6.11）を加工して作成

　減少している理由は明らかである。未修者の合格率が低く、合格できなかった場合の費用と時間的な負担があまりにも大きいからである。
　既修・未修と法学部・非法学部の組み合わせによる司法試験合格率を比較すると、既修・法学部の合格率が最も高く、未修者は、法学部・非法学部を問わず、低迷している（「法曹養成制度改革連絡協議会　第5回協議会資料4」（法務省）参照）。平成27年度の法科大学院修了者のうち、未修者コースの標準である3年で法科大学院を修了した割合は52.4％、未修者コース修了者の1年目の司法試験合格率は17.1％（既修者コース修了者は45.3％）となっている（「中教審法科大学院等特別委員会　第82回配布資料6-1」（文部科学省））。つまり、未修者は、半分の人が法科大学院を標準である3年で修了するのに苦労し、修了しても、その年に司法試験に合格するのは6人に1人しかいない。

　このように、未修者の合格者数は減少の一途であり、未修者の上記「3割以上」の定めは廃止された（平成30年文部科学省告示66号）。
　しかし、未修者については、いかに合格者を増やしていくかを議論すべきであり、ある程度できる者が3年程度真面目に勉強して合格するような試験制度に変革すべきであると思う。そのためには、司法試験の科目数を削減するのが相当である。
　現在、司法試験は、憲法、行政法、民法、商法、民事訴訟法、刑法、刑事訴訟法、労働法等の法律選択科目の8科目であるが、例えば民法だ

けでも相当範囲は広く、8科目をこなすには膨大な時間を要する。さらに、これらの科目のほかに法科大学院修了に必要な単位として基礎法学・隣接科目、展開・先端科目等を履修する必要があり、未修者が司法試験に合格することは並大抵なことではない。

　未修者の合格者を本気で増やすことを考えるなら、司法試験の受験科目数を減らすことを考えるべきであり、行政法と商法は選択科目にするのが相当であると思う。

　行政法については、平成28年の裁判所統計資料によると、地裁の民事通常事件数は約14万8,000件であるのに対し、行政事件数は約2,100件にすぎない。司法試験においても、行政法は、法科大学院ができる前は、法律選択科目の1つであったり、全く姿を消したりしていたが、どういうわけか、法科大学院誕生と共に、司法試験の必修科目になっている。行政法という法律が存在するわけではなく、未修者は、どの範囲を勉強してよいのかもよく分からないという声を聞く。

　商法は、会社法関係の出題がされているが、もともと会社法関係の事件は多くないうえに（大阪地裁でも、会社関係を扱う専門部は、民事26か部中の1か部にすぎない。）、法改正が頻繁にされており、実務の要請に応じたものであって、学生、特に未修者が理解することは難しい面がある。

　このように考えると、行政法と商法を選択科目にするのが相当なように思える（なお、選択科目も廃止するのが相当なように思うが、ここでは触れない。）。

　ついでに試験科目の比重について触れる。現在、8科目のうち、科目ごとに同じ比重になっている。しかし、民法が私人間の紛争を解決する最も基本的な科目であり、法科大学院での授業では、総則、物権、債権総論、債権各論、親族・相続と5つの科目があって、他の科目の倍の授業時間となっているのが通常である。こうしたことを考えると、

第1章　はじめに

少なくとも問題を増やし、1.5倍から2倍の配点にすべきであると思う。

　未修者で法科大学院に入学し、2回目の司法試験に合格したが、家庭裁判所調査官の道を選んだのは、Ａさんである（体験記「**占有権ほど純粋な権利はない**」参照）。法科大学院での講義の予習と復習に時間がかかり、準備不足で1回目の司法試験に短答式で落ちたことを述べる。未修者にとっては、法科大学院の授業についていくのがやっとであり、司法試験の勉強どころではない、という現実をどう受け止めるかである。

　未修者の合格率は、累計でも50％に満たない――

　半分も合格しない進路に誰が人生をかけて挑もうとするのか、もう一度真剣に考えるべきであると思う。

4　予備試験

　予備試験は、「経済的事情や既に実社会で十分な経験を積んでいるなどの理由により法科大学院を経由しない者にも、法曹資格取得のための適切な途を確保すべきである。」という理由により設けられたものである（平成13年6月12日付け「司法制度改革審議会意見書」）。

　ところが、現実には、大学生や法科大学院生が予備試験合格者の大半を占める。予備試験合格者の平成29年司法試験における最終合格者数を見ると、法科大学院に進学した者と大学3、4年生を除くと、290人中71人しかおらず（24％。しかもその中には、大学卒業後、法科大学院に行かずに予備試験を受けている者が含まれる。）、大半がより早期に合格するために、予備試験が利用されていることがわかる。

　69期司法修習生（修習期間－平成27年11月～平成28年12月）を対象にした予備試験に関するアンケート調査によると、予備試験を受験した理由は、下記＜資料5＞のとおりとなっている（3つまで選択可能）。

<資料5>

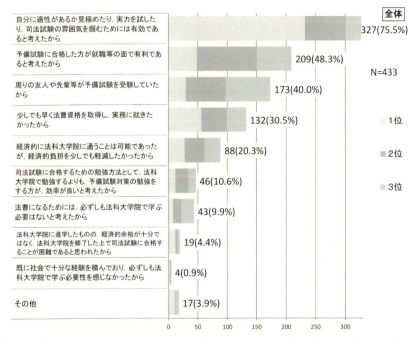

出典：「法曹養成制度改革連絡協議会　第8回協議会資料5-1」（法務省）（http://www.moj.go.jp/housei/shihouseido/housei10_00164.html）（2018.6.11）を加工して作成

　もともと予備試験導入の理由となった経済的負担を軽減したかったあるいは経済的余裕が十分でなかったというのは、上から5番目と8番目の理由にすぎない。両者のいずれかを1番目の理由に挙げる人の割合は合計しても38人（8.7％）にすぎない。また、「予備試験に合格した方が就職等の面で有利であると考えたから」という理由が2番目に多い。若くて司法試験に早期に合格を目指す者が予備試験を受けているといえる。

第1章　はじめに

　このように、経済的事情等により法科大学院を経由しない者にも法曹資格取得のための適切な途を確保すべきであるという理念とは、ほど遠い現実となっている。予備試験に合格して法曹になることが目標のようになり、東京の超大手法律事務所が予備試験合格者を多く採用していることが受験生を予備試験に向かわせている気がする。

　予備試験は、年齢制限はなく、何歳でも受験することができる。現に、平成29年の予備試験では高校生が合格したと報じられている。例えば、将棋の藤井聡太七段のような頭脳を持った者なら、中学生で司法試験に合格することも考えられるであろう。

　しかし、法曹の世界は、例えば弁護士であれば、依頼者の純粋な言い分を聞き、その中から法的に意味のあることを抜き出して、依頼者の言い分に理由があるかを調査して考え、適切なアドバイスをし、説得する、というものである。いくら理論的にこうであると考えたとしても、依頼者の思いをくみ取ることができなければ、意味をなさない（弁護士10年を経た豊田祐介さんは、依頼者の思いをくみ取ることの苦労を述べる（コラム「**弁護士として社会に貢献を**」参照）。）。

　予備試験は、法科大学院修了者と同等の能力を有するかを確認する試験である。法科大学院においては、卒業に必要な単位として、司法試験と関係のない科目も履修しなければならないが、予備試験は、法律基礎科目7科目と実務基礎科目、一般教養だけであり、同等性を問う試験になっているか疑問がある。

　予備試験は、一定の年齢を超えているなど既に実社会で十分な経験を積んでいることを理由として、法科大学院を経由しない者にも法曹資格取得のための途を確保するためのものであるという本来の制度にする必要があると思う。

　なお、予備試験に合格した者を批判するつもりは全然ない。このような制度を採用し、大手法律事務所が予備試験合格者を採用したがる

という現実を前提にすれば、予備試験を目指すこともうなずけるところであり、あくまでもこのような制度がいいのかを問うているものである。

　本書では、吉﨑眞人さんと河原里香さんが予備試験に合格している。吉﨑さんはかなり異色である。法科大学院を修了し、3回司法試験に落ちて受験資格を失い、その後予備試験に合格し（別の法科大学院にも行っている。）、更にその後3回目の司法試験に合格している（体験記「ハーバード大学LL.M.取得者が挑戦した司法試験」参照）。河原さんは、大学4年で予備試験に合格し、卒業して直ぐの司法試験で合格している（体験記「予備試験のすゝめ」参照）。

5　司法試験の改善点

　その他司法試験について気になる点を述べたい。
　第1は、短答式試験を廃止することであり、実施するとするならば六法を貸与すべきである。
　短答式は5つ程度の回答の中からどれが正解であるかを問うものだが（憲法のように、他の形式もあるが、すべて正解と考えられる番号を選ぶものである。）、実務でそのような問いかけがされることはない。従来、受験者が多く、短答式である程度受験者を絞り込んで論文の採点をする必要があったのかもしれないが、現在は受験者が大幅に減っており、そのすべてを採点することも可能なはずである。論文式の試験時間は17時間であるのに対し、短答式は2時間55分しかない。短答式で不合格となった場合、17時間かけて書いた答案がゴミとなるのはおかしいのではないか。本書では、松﨑さんが短答式を通過できなかったことの不利益の大きさと悲しみを（体験記「4度目の正直－飛び級、短答式試験不合格、就職、リトライの軌跡－」参照）、Bさんが論文の評価をしてもらえないことの落ち込みを（体験記「頑張り通す気持ち

を支えに―不合格体験記」参照）書いている。

　また、短答式では、条文を見せずに回答することを求めているが、実務においては、六法は座右の銘のごとく右側において（左側や本棚に置いていてもよいが）、いつでも参照できるようにしている。知っている条文でも、念のために条文を確認することは日常茶飯事である。その六法を見せずに解答を求めるのは、一体何を考えているのかと思いたくなる。六法を何度も引いて自然とその条文を覚えるならともかく、わざわざ条文を覚えることに意味があるのだろうか。

　例えば、平成29年の民法の短答式試験には、次の問題が出ている（「平成29年司法試験問題《短答式試験》民法」（法務省））。

〔第13問〕（配点：2）
　先取特権の順位に関する次のアからオまでの各記述のうち、誤っているものを組み合わせたものは、後記1から5までのうちどれか。（解答欄は、［No.13］）
ア．共益の費用の先取特権は、全ての特別の先取特権に優先する。
イ．農地の天然果実については、農業労務の先取特権が不動産賃貸の先取特権に優先する。
ウ．工事を始める前にその費用の予算額を登記した不動産工事の先取特権は、その登記に先立って設定登記がされている抵当権に優先する。
エ．同一の不動産について不動産保存の先取特権と不動産工事の先取特権が競合する場合、その優先権の順位は同一となる。
オ．同一の目的物について同一順位の先取特権者が数人あるときは、各先取特権者は、その債権額の割合に応じて弁済を受ける。

1．ア、ウ　2．ア、エ　3．イ、エ　4．イ、オ　5．ウ、オ

　もともと実務では先取特権が問題となることはほとんどない上に、条文を知っているか否かで正解が決まるというとんでもない問題と思

う（ちなみに、私は全然解けない。）。

　司法試験は、実務家（裁判官、検察官、弁護士）としての適格性を有しているかをみるための試験である（司法試験法1条1項参照）から、より実務に即した形にすべきである。

　第2は、論文式試験に貸与する六法は、「司法試験用六法」ではなく、市販の六法にすべきである。
　昔から、司法試験では司法試験用六法が使われている。正式な法律には参照条文は付されていないので、正式な法律に従ったものにすべきであるという考え方と思われるが、実務家や研究者でそのような六法を使っている者は誰もいないであろう。
　なぜそのような使いにくい六法の使用を強いるのか理解に苦しむ。法科大学院の学内試験では市販の六法が指定されていると思われる。いくつかの市販されている六法から受験者が選んだ六法を使用できるようにすべきである。
　（全くの余談だが、私が司法試験受験生であった時、口述試験があり、商法で「取締役職務代行者（現会社法351条、352条）」を聞かれた。試験官に六法を使用することの了解を得て、手元に置かれている司法試験用六法を探したが、普段使い慣れていなかった六法であったため、引きにくく、条文が見当たらず、散々な目にあった。今もこのことは良く覚えている。だから、司法試験用六法がおかしいと言っているわけではないが――）

　第3は、科目別の合格最低点を廃止すべきである。
　現在、論文式について、各科目ごとに合格最低点を設けており、それに1科目でも達しなかった場合、即不合格となる。
　例えば、平成29年司法試験で労働法において91人が最低ライン点（25％）を得ていないということで、即不合格となっている。大きな

第1章 はじめに

ミスをしたためと思われるが、8科目中の1科目であり、それで直ちに不合格とするのはおかしいと思う。

　1科目合格最低点に達しなかったのに、総合で合格できる点数をとった者がいるということは、他の科目が相当できたということである。どの分野も平均して良いというオーソドックスな者を合格させようとする意図かもしれないが、将来、民事、刑事あるいは公法系で専門的な弁護士を希望している者はいるだろうし、そうした分野にずば抜けて良い成績を残した者は採用すべきである。

　短答式を廃止すべきことは既に述べたが、短答式も科目ごとの合格最低点があるが、それも廃止すべきである。

　第4は適性試験の廃止である。適性試験の廃止は、既に論じており（拙稿「法科大学院と新司法試験」判タ1252号93頁）、更に書こうかと思ったが、適性試験は平成30年度は実施されないことが確定した。

　なお、旧司法試験と比べて良くなったと思う点も書いておきたい。
　旧司法試験は、合格が偶然に左右される試験であったことは間違いない。私が神戸大学の法科大学院教員をしていた当時、非常に良くできる学生がいた。他の教授に聞くと、入学時から良くできていたとのことであり、そのまま学内1位の成績を修め、司法試験に合格した。ところが、本人に聞いてみると、旧司法試験に3回落ちたとのことであった。法科大学院ができて2年目に既修者コースに入学したが、それまで旧司法試験を3回受けたものの、不合格とのこと。

　旧司法試験は、問題文や時間が短く、出題された問題によって合格者が大きく変わってくるといわれていた。実力がまだ足りない者であっても、狙っていた問題が出ると、詰め込んだ知識で高得点をたたき出し、合格することもあった。逆に言えば、実力を持っていながら、合格できなかった者が多数いたことも確かである。旧司法試験が真に

合格に値する者を合格者とすることができたのか、大いに疑問に思う。これに対し、現在の司法試験のほうが合格すべき者が合格しており、自分の頭で考えるということを体現する試験になっており、旧司法試験と比べ、相当な試験であることは明らかである。

6　勉強方法

　本書に掲載した人の多くが挙げているのは、過去問の検討の重要性である。坂本さん、木村さん、河原さん、中村優子さん、大岸さん、Bさんがこれを指摘している。中村優子さんは、法務省から公表されている出題趣旨と採点実感を読み、書けないといけないものと無理と割り切るものに区別し、比較的書き易いところからしっかり点を稼いだほうが効率的であると述べる（体験記「私の合格滑り込み大作戦」参照）。河原さんは、一通り基本書を読んだ後は、過去問を解きながら、勉強を進めており、過去問を説くことの大切さを述べる（体験記「予備試験のすゝめ」参照）。木村さんは、過去問の検討が合格へつながったことを述べる（体験記「勤務しながら5回目で合格」参照）。また、Bさんは、自己の経験の失敗から、過去問を中心に勉強すべきであったと述べる（体験記「頑張り通す気持ちを支えに－不合格体験記」参照）。これに対し、吉原さんは、過去問を実際に書くことに費やす時間を考えると、過去問を解くのは最近の問題に限るべきであると述べる（体験記「司法試験合格に向けた勉強法－勉強法を模索することの重要性について－」参照）。過去問は、「採点実感」が公表されており、重要なことは疑いがなく、出題趣旨を理解し出題に即した答案を構成するためには、出題者が実際に解説を出している過去問の検討は不可欠であるといえる。過去問の勉強方法については、新司法試験が開始された平成18年まで遡るか、最近2、3年に限るか、その中間かなど過去問をどの程度勉強するかや、実際に過去問を時間を計って解いて出題趣旨の確認をするか、過去問は出題趣旨を理解し答案構成を考える

程度でよいかなど過去問の利用方法も、様々なように見受けられる。このように、過去問を利用することの重要性については共通しているが、どのように利用するかについては見解が分かれる。どの程度勉強が進んでいるかや時間的な余裕があるかにもよるので、一律に決めることはできず、各自が工夫すべき点であると思う。

　勉強方法については、本書のメインを書いてもらっている牛濱さんは、問題集や答案の練習等について、漫然とするのではなく、何のためにそれをするかの目的意識を持って取り組む重要性を指摘している（勉強法「司法試験合格までの記録～原理・原則からの考えを重視～」参照）。例えば、判例を読むことは誰でもしていることではあるが、漫然と判例を読むのではなく、「この判例の事案で答案を書くとするとどうなるか」ということを意識しながら読み込むことを指摘している。同じくメインを書いてもらっている浅井さんは、司法試験は、相対的に受験生の中で多くの点を取ればいいことを理由として、基礎・基本知識の大切さを強調している（勉強法「司法試験合格までの記録～自分にあった勉強法を見つけるために～」参照）。司法試験は何も高度なことを求めているのではなく、基礎的なことをまとめることの重要性を指摘していると考えられる。

　大岸さんは「1冊の本に絞るのが良い」旨を述べ、吉原さんは「これ1冊読めば司法試験に対応できるという本はない」旨述べる。どの本が良いかは、各自の相性の問題のようにも思われ、合格者がいかなる本を選んでいたかは参考になるが、最後は自分に最も適していると思われる本を、1冊を基本としながら、必要に応じて複数を選択する方法を採るのが相当なように思う。また、浅井さんは本にペンで下線を引いたり塗ったりするという工夫をしていたり、河原さんは短答で「間違えノート」を作成したりしているが、このあたりも、各自にとってふさわしい勉強方法は異なると思われる。実際にやって良かったと思

うこともあれば、役に立たないと思うこともあるので、各自の課題や趣味に応じて選択することになろう。

　松﨑さんは、何を修得するためにその教材に取り組むのか、自分の課題は何であるのかなど、自分と向き合うようになったことが合格への転機になったと記している（体験記「4度目の正直－飛び級、短答式試験不合格、就職、リトライの軌跡－」参照）。坂本さんは、友人から、司法試験対策と授業の復習を中心とした勉強方法が良いと言われたが、自分に合っていないことに気づき、授業の予習型の勉強をして、司法試験に1回目で合格している（体験記「不安のなかで」参照）。

　各自が最も自分に合うと考える勉強方法を採ることが望ましく、本書に記載された勉強方法が一つの参考になることがあれば、幸せである。

7　迷いの中で

　頑張って努力しても、合格できない人はいる。試験は番狂わせも起こる。私の法科大学院教員の経験でも、成績優秀者として学内表彰を受けたのに、3回連続で落ちた人がいた（当時は受験回数制限が3回までだった。）。

　進路は迷う──吉﨑さんは、前述のとおり、6回目で合格している。諦めずに受け続けたことが最後に実を結んだといえる（体験記「ハーバード大学LL.M.取得者が挑戦した司法試験」参照）。大岸さんは、高校を卒業して勤務していたが、友人が逮捕されるという出来事に出くわし、それから大学卒業の資格を取得した後、司法試験に3回目で合格している（体験記「高卒からの挑戦」参照）。木村さんは、受験資格5年目の最後の年に合格したが、昼間は通常どおり勤務し、法科大学院は夜間に通い、あまり悲壮感はない（体験記「勤務しながら5回目で合格」参照）。ただし、法科大学院は減っていく中で、夜間開校しているところはほんのわずかしかない。松﨑さんは、法学部を飛び級（3年）で法科大学院に進学したが、1回目に合格せず、就職して勤務をしなが

ら受け続けたが、3回目の不合格後、勤務を辞めて司法試験に専念し、4回目で合格している（体験記「4度目の正直－飛び級、短答式試験不合格、就職、リトライの軌跡－」参照）。

しかし、うまくいかずに司法試験受験を諦めた人もいる。

Cさんは、司法試験受験1回目で不合格となり、迷った末に裁判所職員になっている（体験記「努力は無駄にならない」参照）。司法試験受験を諦めた場合、裁判所職員等の司法機関に応募する人は多い。Bさんは、司法試験に5回受けて不合格となった後（ただし、うち1回は、入室時刻と試験開始時刻を勘違いしたことから失格となったものであり、泣き崩れている。）、証券会社の法務部員として勤務している（体験記「頑張り通す気持ちを支えに－不合格体験記」参照）。証券分析・投資運用の専門資格に挑戦したいという意向であり、新しい環境の下、ぜひ頑張っていただきたい。

いつまで受験するかは難しい選択である。せっかく法科大学院に入学したのであるから、合格するまで受け続けたいという気持ちを持つ者が多い。他方、その間、仕事をしないと無給であり、合格する保証がないのに司法試験を受け続けることは一種の冒険といえるであろう。

司法試験に不合格になった場合、なおも受け続けるのか、諦めて別の道を歩むのか、選択は難しい――

8　最後に

最後に、これから司法試験を受けようと思っている人に向けて述べたい。

司法試験に合格して法曹となった場合、やりがいのある仕事であることは間違いがない。刑事事件だと、検察官と弁護士が、被告人が犯罪を犯したかの有罪・無罪を巡って争い、裁判官がそれを決める。無

罪の言渡しを受け歓喜に浸る者もいれば、死刑判決を受けても平然としている者もいる。ドラマではなく、現実の中で、法曹がそれを決めているのである。民事事件だと、1人の弁護士が国を相手に損害賠償を起こして勝訴し、その判決が新しい立法へと導くこともある。差止訴訟に勝訴し、支援者の歓喜の渦の中で涙ぐむ弁護士もいる。法曹への道を目指した以上、ぜひ司法試験に合格して、立派な法曹になってもらいたい。

でも、志望すれば誰でも法曹になれるものではない。試験である以上、能力と出題、体調等によってその日の出来が左右される。あと少しで合格だったのに受験資格を失った、と嘆く人もいる。司法試験は、我が国で最も難しい試験であり、合格しなかったとしても、何ら恥じることはない。堂々と胸を張って別の道を歩めば良いのだ。

夜、暗い道を1人で歩んでいる。ふと、空を見上げる。月光が自分を照らしている——どこまでも——

（挿絵：秋吉　忍）

コラム　自分らしく、自由に生きる

亀石　倫子

職　歴　　弁護士（新62期）「法律事務所エクラうめだ」経営

1　35歳で弁護士になる

私が弁護士になったのは、35歳のときでした。

大学ではアメリカ文学を専攻し、一度は一般企業に就職したものの、あまりにも協調性がなくて大きな組織で働くことになじめず、4年で辞めてしまいました。

人生をリセットして、自分らしく自由に生きていきたい、そのためにはどうしたらよいだろう……と思いながら本屋さんをうろうろしていたとき、資格試験のパンフレットが並んでいるコーナーで、「司法試験」という文字と目が合ったのです。

「これだ。」「これこそ、組織に所属しなくても一生の仕事と自由を手に入れられる武器になる。」と直感しました。私は、ほとんど衝動的に六法を買い、司法試験の予備校に申込みをしました。そして、1日10時間勉強する日々が始まったのです。人生で初めての、とてつもない試練でした。

ひたすら条文の内容や論点、それに関する学説、判例を暗記して旧司法試験に挑戦しましたが、マークシート式の択一試験には合格できても、法的思考力が身についていないため、論文試験には太刀打ちできませんでした。どんなに長い時間勉強しても、そのほとんどを暗記に費やしているようでは司法試験に合格できない……。ちょうどそのころ、司法制度改革の一環として法科大学院ができ、司法試験の合格者を倍増する方針が決定されました。本当に私はラッキーだなと思

い、迷わず法科大学院の試験を受けました。

　大阪市立大学法科大学院に入学し、そこで初めて学問としての法律を学び始めました。相変わらず毎日10時間、食事と睡眠と入浴以外は勉強する日々。でもこのころは、同じ目標をもつ仲間ができ、勉強できることに感謝と喜びを感じていたので、我慢して会社で働いていたころに比べたら、ずっと幸せを感じていました。

2　刑事弁護人になりたい

　そして私は、法科大学院で、その後の人生の方向性を決定づける人物と出会います。刑事弁護実務を教えてくれていた、大阪弁護士会の髙見秀一先生です。髙見先生は、1998年（平成10年）に起こった和歌山毒物カレー事件の弁護団のひとりでした。

　和歌山毒物カレー事件が起こったころ、私はいち視聴者として、過熱気味にこの事件について報じるテレビや新聞を毎日のように見ていました。そして、被告人が犯人に違いない、なぜ黙秘なんてするんだろう、本当にやっていないなら堂々と話せばよいのに、と思っていたのです。

　髙見先生があの有名な事件の弁護人だと知ったとき、私は、素朴な疑問をぶつけてみました。「どうしてあんな悪い人の弁護ができるんですか。」「本当に無罪だと思って弁護しているんですか。」弁護士を志していたわりに、あまりにも無知で失礼な質問だったと思います。

　でも髙見先生は少しも怒らず、「ほんとうに悪い人かどうかわからないから弁護をするんだよ。」と言って、刑事弁護人のスピリットや、なんのために黙秘権が保障されているのかを話してくれて、この事件の被告人には無差別殺人をする動機がないことや、目撃証言が客観的な証拠と矛盾していたこと、事件が起こった地域では多くの家庭にシロアリ駆除のためのヒ素があること、実際に接した被告人のキャラク

第1章　はじめに

ターなどを教えてくれました。

　ある物体を違う角度で見れば、まったく違う形に見えるのと同じように、鮮やかにアナザーストーリーが浮かび上がってきました。そして、そのとき初めて、自分が被疑者・被告人に強烈な偏見を持っていることに気づかされ、恥ずかしい気持ちになりました。思えば私自身、子どものころから空気を読まない発言で誤解され、孤立してさびしい思いをすることもよくあったのに、そんな自分が、罪を犯したと疑われている人に対しては、こんなにも無遠慮に偏見を持っていたなんて。

　真実を知りたい。報道されることのない、弁護人にしか明らかにできない真実があるはず。私は、絶対に司法試験に合格して、刑事弁護人になりたい、と心に決めました。

3　偏見や先入観が真実を見えなくする

　2回目の受験でどうにか合格し、大阪で弁護士になった私は、刑事事件を専門に扱う法律事務所に就職しました。

　殺人、強盗、強姦、放火、詐欺、覚せい剤取締法違反。重大事件、凶悪事件の弁護の依頼が次々舞い込み、1年目から裁判員裁判も経験しました。

　依頼を受け、初めて被疑者に会いに留置場へ向かうとき、いったいどんな人物が、なぜこんな事件を起こしたのだろう……と考えたり、きちんとコミュニケーションが取れるだろうかという不安もあり、緊張します。

　でも、実際に小さな接見室でアクリル板越しに被疑者と向き合うと、往々にして憶測や先入観は打ち砕かれました。娘を殺めて殺人罪で逮捕された高齢のお母さんは、重い精神病だった娘の将来を悲観して無理心中を図り、自分だけが生き残ってしまった現実に愕然としていました。生後まもない子どもを虐待して死なせた疑いで逮捕された若い

お父さんは、本当に虐待していたのは妻だと訴えてきました。スーパーで万引きを繰り返していた専業主婦の方は、窃盗症と呼ばれる精神障害を抱えていました。

　刑事弁護をするようになって、「偏見や先入観が、真実を見えなくする」ということに何度も気づかされました。

4　GPS捜査事件

　「警察が僕の車にGPSを取り付けていたんです」と聞かされたのは、2013年（平成25年）12月のことでした。店舗荒らしで逮捕された男性の弁護を依頼されて、初めて留置場で接見した日のことです。

　本当にそのような捜査が行われているのか、はじめは半信半疑でした。調べてみると、2012年、アメリカの連邦最高裁で、令状を取らずにGPS捜査を行うのは憲法違反であるという判決が出ているではありませんか。日本でも、ひそかに同じような捜査が行われている可能性があると思いました。

　でも、警察が被疑者の車にGPSをつけた証拠はありません。もし本当にそのような捜査が行われていたとしても、日本の裁判で争われたことは一度もなかったので、裁判所がどのような判断をするか見当もつきませんでした。

　ほとんどの弁護士は、裁判で争うことを選択しないかもしれません。裁判が長引きますし、違法捜査を主張したところで無罪になるわけでもありません。被告人にとってなんのメリットもない……。それでも争うことにしたのは、被告人が「自分の犯した過ちは償う」「だからもし警察が間違ったことをしたのなら、はっきりしてほしい」と言ったからでした。自分の依頼者がそこまで言うなら、やらないわけにはいきません。徹底的にやろうと思いました。この裁判で、真実を明らかにしよう。

警察がGPSを捜査に利用したことを認めたときは、身震いがしました。日本で初めてGPS捜査の違法性が判断されることになる……。重要な裁判になると直感しました。私は、同じ年に司法試験に合格した同期の弁護士たちに協力を求め、6名の弁護団を結成しました。京都大学、神戸大学、大阪大学などを卒業している彼らに比べて、私は圧倒的に勉強ができない。彼らをリードできるとしたら、無鉄砲な行動力と常識にとらわれないアイディアくらい。バランスの取れた強いチームをつくれるのではないかと、わくわくしました。

　それから私はGPS事件弁護団のリーダーとして、全体のスケジュール管理やそれぞれのタスク管理をしっかり行いました。全員が、いつも同じゴールを目指し、同じ「想いの強さ」を持つように心がけていました。それぞれが役割を分担しましたが、他人の仕事に無関心にならないように気をつけました。誰でもできる仕事はできるだけ私が引き受け、ほかの人には理論的な検討や書面の作成に集中してもらえるようにしました。もともと仲の良い友達同士。弁護団会議はいつも真剣さと笑いが入り混じっていました。

　当初は、この事件で初めてGPS捜査の違法性が判断されることになると思っていましたが、2015年（平成27年）1月、共犯者の裁判で先に判断が出てしまいました（大阪地裁平成27年1月27日決定（判時2288号134頁））。

　「GPS捜査はプライバシー侵害のおそれが高いとはいえ、令状を取得せずに行うことは適法である」という内容でした。

　同じ大阪地裁で、先にこのような判断が出てしまい、とてもショックでした。でも、裁判とは、証拠によって事実を認定し、その事実に評価を加える作業。証拠が異なれば、認定される事実も異なり、評価も変わるはず。私たちは、共犯者の裁判とは異なる判断を得るために、

積極的に「証拠」を作ることにしました。

　たとえば、GPSで取得できる位置情報がいかに精度の高いものであるかを立証するために、GPS端末をレンタルして車両に取り付け、大阪・京都間を走行する実験を行いました。公道に比べ、プライバシー保護の期待が高いとされる私有地に車両があるときも、正確に位置情報を取得できることも明らかにしました。警察官が、GPS端末のバッテリーを交換するために実際に立ち入った場所へも行きました。そこは厚いビニールのカーテンで入口が覆われたラブホテルの駐車場でした。こうした証拠によって、GPS捜査は単なる位置ではなく、人の行動を継続的・網羅的に把握するものであり、プライバシー侵害のおそれが高いことを立証したのです。

　一審の判断は、「GPS捜査は対象者のプライバシーを大きく侵害するもの」であるから、令状を取らずに行った本件捜査は違法である、というものでした。

　人の行動は、内面をあらわします。教会へ行けば、その宗教を信仰していると思われますし、政治家の講演会に行けばその政党を支持していると思われます。定期的に病院に通えば病気だと思われ、警察に通えば刑事事件に関与していると思われます。人の行動は、心の中を映し出すのです。

　何もやましいことはないから行動を監視されても構わない、という人がいます。でも、プライバシーとは、やましいことを隠すためのものではありません。自分のアイデンティティをつくり、守るためにあります。私たちは、誰にも知られず、誰の評価も受けないからこそ、自由に行動し、ものを考え、その過程でアイデンティティをつくっていくことができるのです。警察がひそかに行っていたGPS捜査は、このような意味でのプライバシーに国家が土足で立ち入る行為でした。

それでも、GPS捜査は令状のいらない「任意捜査」であると主張する検察側。全国各地の下級裁判所で判断がわかれるなか、私たちが担当した事件は最高裁判所の大法廷で審理されることになり、2017年（平成29年）2月22日、弁論が開かれました。刑事裁判が、最高裁判所の大法廷で審理されるのは、平成に入ってから4例目でした。

　弁護士でも、誰もが経験できるわけではない大舞台。私たちの方針は、背伸びせず等身大で。紙に書いた文章を読むのではなく、自分たちのことばで語りかけよう、というものでした。

　そのとき、私たちは弁護士になって8年目。まだまだひよっこで、知識も経験も圧倒的に足りません。そんな私たちが、この裁判を戦おうと決めた理由は、この国が監視社会へと突き進むのではなく、個人のプライバシーを大切にする社会であってほしいという願いからでした。

　法科大学院で学んだ憲法や刑事訴訟法の基本に立ち返り、ディスカッションし、自分たちの足で現場へ行き、GPSを使って実験をしました。その私たちにしか語れない想いを、15名の裁判官の前で話しました。全員が顔をあげて、私たちの話に耳を傾けてくれました。

　最高裁判所は3月15日、「私的領域に侵入されない権利」が憲法で保障されていると述べたうえで、GPS捜査は個人のプライバシーを侵害しうるものであり、裁判所が発する令状なく行うことは違法であると判断しました（最高裁平成29年3月15日判決（刑集71巻3号13頁））。司法が、国家による国民の「監視」に一定の歯止めをかけた画期的な判決でした。

　このような成果を得られたのは、優秀な弁護団のおかげでしかありません。仲の良い友人であり、信頼できる仲間である彼らと、ひとつの大きな仕事を成し遂げたことが、なによりもうれしく思いました。

5 おわりに

　世間から偏見をもたれることの多い被疑者・被告人を弁護するという仕事。そこにやりがいを感じるのは、私自身が社会にうまく適応できず、一度はドロップアウトしたからかもしれません。

　孤独を味わったり、挫折したり、劣等感があったり。でも、自分にとってのそんな「マイナス」の部分が、今の仕事の原動力です。だから私は、自分で「マイナス」だと思ってきた個性を隠したりはしません。立派な弁護士のように振る舞うことなんて、一生できないと思います。

　でも、こんなふうに自分らしく、自由に生きられるのは、弁護士になったからこそ。好きな仕事ができることに感謝しながら、日々奮闘しています。

第2章　司法試験上位合格者の勉強法

勉強法　司法試験合格までの記録
　　　　　～原理・原則からの考えを重視～

牛濱　裕輝

学歴・職歴	平成28年	神戸大学法科大学院卒、司法修習生
	平成30年	神戸地裁判事補
司法試験受験歴	平成28年	司法試験合格（順位1位）

1　一般的な勉強法について

(1)　勉強をする際の基本的な視点

　ア　単にインプットするだけではなく知識を整理することを心掛ける

　私が、法律の勉強をしていく中で最も気を付けていたことは、たくさんの論点に関する判例や学説の細かい対立をただそのまま覚えるというのではなく、論点や条文に関する基本的な知識を、きちんと整理して、条文や論点の関係、あるいは論点相互の関係に気を配るということでした。

　例えば、民法の論文式試験を解くということで言えば、民法の答案を書くためには、①当事者の請求を可能ならしめる根拠となる条文を選択すること、②その条文の要件に関する意義や解釈論を提示すること、③その意義や解釈論にその事案の事実関係をあてはめることという3つのステップを踏むことになりますが、

　①については、民法の個々の条文が適用されるとどのような効果が生じるのかという、効果論に関する知識

②については、民法の個々の条文の要件の意義や解釈論に関する知識
③については、その要件の意義や解釈論を踏まえて、どのような事実があればその要件が充足されるのかということについての知識

が、それぞれ必要となります。

　そして、論点は、これら①～③のすべての段階において生じうるものです。ここで、いま自分が勉強している論点が、この①～③のどこに位置づけられるのかをきちんと整理しなければ、論文の答案を書くときに自分が勉強した論点をどこでどのように書けばよいかわからなくなり、論理的な答案を書くことができなくなってしまいます。ですから、法律の論文を書く上でも、論点の位置づけをしっかりと意識して勉強することが重要です。

　また、このように知識の整理をしていくことにより、論点相互のつながりを意識することができ、一度覚えた知識を忘れにくくなるということにもつながります。

　法律は、いろいろな論点が複雑に絡みあっていますので、以上のような知識の整理は、自分で意識して行わなければ、できるようにはなりません。私は、いろいろな法律の本を読んだりしている中で、「今読んでいるところは、どの条文についてのものか、要件についてのものか効果についてのものか」などと頭の中で自問自答しながら読むように心掛けていました。

　　イ　論点を条文に即して理解するように心掛けること
　法律を勉強していく中では、たくさんの論点が出てきますが、法律の答案を書くためには、これらの論点を法律の条文に即して、条文の解釈論として答案に書き表していくことが必要となります。そこで私

は、論点を勉強するうえで、それが条文のどの文言についてのものかなどをしっかりと整理していくように心掛けていました。

私は、新しい論点を勉強する際には、その論点が、次の3つのうちどのパターンに当てはまるものかを考え、整理するように心掛けました。すなわち、

> ① その条文の特定の文言の趣旨があまり明確ではないために解釈によって明確にする必要がある場合
> ② ある事案について、条文や原則のとおりに解決をしてしまうと妥当な解決が得られないので、条文や原則の例外を解釈によって導かなければならない場合
> ③ ある条文の類推適用や転用が問題となる場合

の3つです。例えば、刑法110条1項の「公共の危険」の意義という論点については①に、所有権についての権利自白の拘束力という論点については②に、民法94条2項の類推適用や債権者代位権の転用などの論点については③に、といった具合に整理していました。

そして、論点についてのさまざまな判例・学説の対立を勉強する際には、以上の①~③の整理が役に立ちます。すなわち、

> ①の場合には、条文の文言の趣旨を明確にする解釈をする場面ですから、その条文の制度趣旨の理解がどのようにされるべきなのか（刑法であれば、その犯罪の処罰根拠となる保護法益をどう理解すべきか）を抑えることがポイントとなることが多く、
> ②の場合には、⑦そのような例外的な解釈を採用しなければならないのはなぜなのかという必要性の視点と、④そのような例外的な解釈を採用することにより当事者の正当な利益が害されたり条文の制

> 度趣旨や原則の趣旨が没却されるものではないといえるのはなぜか
> という許容性の視点で考えていくことがポイントとなり、
> ③の場合には、㋐類推解釈や転用を認める必要性がどこにあるのか
> という視点と、㋑類推や転用の基礎（例えば、類推適用しようとす
> る条文の制度趣旨がその事案にも当てはまるといえるかや、条文の
> 典型的適用場面とその事案とがどのように類似するかといった点）
> の2つを考えていくということがポイントになる

ということができるでしょう。

このように、私は、様々な論点を、条文（条文がないときは原理・原則）との関係で位置づけを整理していくことで、その論点に関する判例や学説の対立のポイントを見極めることができるように心掛けました。

(2) 勉強方法について

　ア　基本書を使うべきか予備校を使うべきか

私は、大学の法学部で法律の勉強を始めてから、司法試験の受験まで、いわゆる資格試験予備校に通ったことはなく、法学部や法科大学院での講義と基本書を中心とした勉強を行っていました。具体的には、講義を受ける前にその講義で扱う内容について基本書を通読してざっとイメージを掴んで講義に臨み、講義を受け、その後は条文や原理・原則との関係を意識しながら精読し（今読んでいる論点がどの条文のどの文言についてのものなのかや、どの原理・原則との関係が問題になるのかということを、後から読み返してもわかるように書き込みをしていました。）、その後で自作のノートを作って講義や基本書の内容をコンパクトにまとめるようにしていました。

このように、私は基本書を中心とした勉強をしていたわけですが、

基本書を使って勉強するのが良いのか予備校を利用するべきなのかを迷っている方も多いと思います。確かに、基本書には、学問的に深められていて、一つの立場から一貫して法律を勉強することができるというメリットがあります。他方で、予備校のテキストには、司法試験の合格に必要な範囲に限られており、かつ各論点について条文や原理・原則との関係がはじめから整理されているというメリットがあります。このように、どちらにもメリットがあるのですが、私は、結局そのどちらのメリットを取るのかという問題であって、どちらで勉強しても良いのではないかと考えています。いずれにしても、先ほど述べた通り、基本的な知識を条文や原理・原則に従って整理するという視点を忘れてはいけませんし、そのことを意識して勉強している限り、どちらの方法をとっても司法試験の合格（ひいては上位合格）は十分可能だろうと思います。

　　イ　まとめノートを作る

　基本書を読むというだけではなく、普段から自分自身のまとめノートを作っておくように心掛けていました。基本書を読んで勉強した論点を、自分の言葉でコンパクトにまとめるという作業を通じて、知識を記憶として定着させたり、また、まとめノートを作るという一種のアウトプットを通じて自分が本当はよくわかっていないところを発見したりすることができると考えていたからです。

　そして、まとめノートを作るときは、できるだけ、基本書などを読みながら論点について整理を行ったことを踏まえて、条文や原理・原則からどのように結論が導かれるのかという思考の流れを意識するようにしていました。

　例えば、抵当権に基づく妨害排除請求の可否を例にとってみると、次のようにまとめノートを作成していました。

・抵当権は、目的物の交換価値のみを把握して、目的物の使用収益権能を設定者に委ねる物権。→抵当権者は、目的物の使用収益に干渉することはできないというのが原則であるはず。

↓

しかし、目的物の賃借人がいれば、その目的物を競売にかけても、明渡手続きの煩雑さなどから、なかなか買い手がつかなくなる事態も起こりうる。これは実質的には、目的物の交換価値が毀損されている。→抵当権者に明渡請求を認める必要性もある。

↕

他方で、賃借人には、民法上、抵当権に遅れる賃借権であっても、明渡猶予制度による保護が与えられている。→抵当権者による明渡請求を広く認めると、かかる民法の趣旨に反する。

⇓

（最高裁平成17年3月10日判決（民集59巻2号356頁））
① 抵当権設定登記後に設定者から目的物を賃借した賃借人に対してであること
② その賃貸借に抵当権の実行としての競売手続を妨害する目的が認められること
③ 賃借人の占有により目的物の交換価値の実現が妨げられて抵当権者の優先弁償権の行使が困難となる事情があること
が認められるときは、抵当権者による妨害排除請求を認めた。

→（理由）
・抵当権設定登記前になされた賃貸借については、抵当権に優先する以上、抵当権者は妨害排除請求できない→要件①
・要件③のような事情があるときは、実質的に目的物の交換価値が毀損されているので、妨害排除請求を認める必要性がある。
・要件②のような悪質な賃借人に対しては、明渡猶予制度による保護を与える必要はなく、妨害排除請求を認めてもやむを得ない。

このように、原理・原則からくる思考の流れを意識することのほかにも、結論を導くための価値判断や利益衡量の結果を、できる限り自分の言葉でコンパクトに表現するように心掛けました。自分の言葉で表現できるということは、その論点についてしっかり理解できているということである反面、そのように表現できない時は、論点についてしっかり理解できておらず、ただ覚えているだけになってしまっている可能性が高いと考えていたからです。

2　短答式試験の対策について

(1)　短答式対策の開始時期について

私は、短答式試験の対策は、法科大学院3年生の秋頃、つまり司法試験受験の約半年前くらいから本格的に開始しました。

周りの受験生を見ても、短答式試験の対策を開始する時期にはばらつきがあって、司法試験受験直前から開始するという人や、かなり前の段階から対策を開始するという人までいます。やはり短答式試験の対策は、できるだけ早めにコツコツと始めた方がよいのではないかと思っています。それは、論文式試験の対策と短答式試験の対策とでは行うべき勉強が大きく異なるので、短答式試験の対策の開始が遅れてしまえば、それだけ論文式試験の対策に時間を割けなくなってしまったり、精神的にかなり焦ったりしてしまうことになるからです。

例えば、憲法・民法・刑法のある分野について基本書を読んだり、まとめノートを作ったりした後に、その分野についての短答式試験の過去問を解くということをすれば、基礎固めと同時に短答式試験の対策を行うことができるというのと同時に、学んだ知識の定着という点でもメリットがあると思います。

(2) 私の行った具体的な勉強法
　ア　司法試験の過去問を年ごとに繰り返し解く
　短答式試験対策のために、予備校などから、司法試験の短答式試験の過去問を分野別・体系別にまとめた問題集が市販されています。しかし、このような体系別の問題集を順番に解いていくという方法を取った場合、分野ごとに短期間で一気に勉強して記憶していくことになってしまうので、なかなか知識の定着を図ることができないと思います。

　そこで、私は、司法試験の過去問を年ごとに解いていくという勉強法を取ることにしました。具体的には、まずある年の憲法の司法試験の過去問を解き、次の日に前の日に解いた憲法の過去問の解説を予備校本などで確認するとともに同じ年の民法の過去問を解き、また次の日に前の日に解いた民法の解説を確認して同じ年の刑法の過去問を解くというようにして過去問演習を行い、全年解き終わったら二回目、それが終わったら三回目と繰り返しました。このようにすることで、短答式試験によく出る分野について、長期間の間に繰り返し何回も過去問演習をすることになるので、一気に勉強するよりも知識の定着が図りやすくなると思います。

　そして、問題を解いて解答解説を確認した後、完全に正解した問題には○を、正解したものの自信がなかったり理解を間違っていた問題には△を、間違った問題には×を、それぞれマーキングしておいて、繰り返し解く中で何度も×がついてしまった問題を試験直前に重点的に復習するようにしていました。

　イ　条文の素読をする
　過去問演習を行っていくのと並行して、憲法・民法・刑法の条文の素読も行うようにしていました。その際、過去問演習をしていく中で、論点ではなく条文知識がよく問われる分野を洗い出し、その分野につ

いて重点的に条文素読を行うようにしていました。例えば、憲法でいうと統治分野、民法でいうと後見などの行為能力制度の分野や保証・連帯債務の分野、刑法でいうと執行猶予制度の分野などが、条文知識が問われやすい分野だと思います。

　ウ　判例付き六法にマーキングする
　過去問を解いて解説を確認した際には、その解説に出てきた条文や判例について、判例付き六法の条文や掲載判例の横に正のしるしを一本ずつつけていって、そのしるしが多くついた条文や判例を、試験直前に判例付き六法で確認するようにしていました。

　司法試験の短答式試験では、同じ条文や判例の知識が繰り返し問われることが多いので、過去問でよく出ている条文や判例は、将来も繰り返し出題される可能性が高いといえます。そこで、そのような条文や判例を重点的に勉強することによって、短答式試験の点数アップを効率的に実現することができると思います。

3　論文式試験の対策について
(1)　法律の論文の書き方について意識していたこと
　ア　法的三段論法は常に意識する
　法律の論文を書く以上当たり前のことなのかもしれませんが、法的三段論法は常に意識するようにしていました。「問題提起」～「理由付けを伴った準則の定立（規範定立）」～「あてはめ」という形を崩すことなく答案を書くことがとても重要です。特に、その問題で最も問われている論点については、愚直に法的三段論法を守って答案を書くようにしていました。

　さらに、答案全体として、なるだけあいまいな表現を避け、一義的で明確な言葉を使うようにも気を使っていました。

イ　問題提起の仕方について
　「問題提起」をするときは、できるだけ具体的な事実を示すように心掛けていました。具体的な事実を引用することによって、問題文の事案からどうしてその法的論点が問題になるかを説明することができ、よりよく採点者に自分の理解を伝えることができるからです。

> （例）
> 　甲は、Vをナイフで脅しても現金の保管場所を教えなかったことから、現金の保管場所を聞き出すため、Vの顔面を殴る暴行を加えた（事実の摘示）。しかし、この甲の暴行行為は、当初の甲乙の共謀において予定されている行為ではなかった（事実の摘示）。そうすると、かかる甲の行為についても、乙が共同正犯としてその責任を負うことになるか、問題となる（事実を踏まえた法的論点の指摘）。

　しかし、問題文に、「この論点について書いてほしい」と明確に示されているのなら、答案上で「問題提起」をすることは不要です（特に民訴・行政法など）。「問題提起」とは、あくまで答案の議論の流れをよくして採点者に理解をより伝えるためのものに過ぎないことに注意してください。
　ウ　規範定立の仕方について
　規範定立の仕方については、先ほど論点について勉強する際に、
①　その条文の特定の文言の趣旨があまり明確ではないために解釈によって明確にする必要がある場合、
②　ある事案について、条文や原則のとおりに解決をしてしまうと妥当な解決が得られないので、条文や原則の例外を解釈によって導かなければならない場合、
③　ある条文の類推適用や転用が問題となる場合、
の3つに整理して勉強していたと述べましたが、この3つのパターンに応じて、書き方を変えていました。
　まず、①のパターンについては、その条文の制度趣旨（刑法でいえ

ば保護法益）から、あるべきルールを丁寧に導いてくるという書き方を意識していました。

> （例）　刑法110条1項の「公共の危険」の意義
> 　刑法110条1項は、火力によって不特定多数人の生命・身体・財産に重大な危険が及ぶことから、これらの法益を保護する趣旨で規定されたものである（原則論・制度趣旨（保護法益）の指摘）。そうすると、刑法110条1項に規定する行為によって、かかる法益に危険が生じるに至った場合には、刑法110条1項の犯罪の成立を認めることが、上記趣旨にかなう（原則論・制度趣旨からのあるべきルールの帰結）。よって、刑法110条1項の「公共の危険」とは、刑法108条や同109条1項所定の物件に延焼する危険に限られず、広く不特定多数人の生命・身体・財産に対する危険を指すものと解すべきである（あるべきルールを踏まえて条文の文言を解釈する。）。

　ここで重要なことは、<u>条文の制度趣旨というのはあくまでその条文の文言を解釈するための参考になるだけですから、その趣旨を踏まえて具体的な条文を解釈することまでしなければならない</u>ということです。<u>制度趣旨が事案を解決するのではなく、あくまで条文とそれについての解釈論が事案を解決する</u>ということを意識しておく必要があります（逆に、<u>条文の文言のとおりに単純に適用すれば解決できるような事案についてまで、条文の制度趣旨を書く必要はない</u>と思います。そのような答案は、採点者にとって、書かれている制度趣旨がなんのために書かれているのかが伝わらず、論理の流れが悪くなってしまい、かえって有害というべきではないでしょうか。）。

　次に、②のパターンについては、まず一般的な原則からすれば例外的な結論を導こうとするときは、まずは原則通りだとどうなるかをしっかり示すようにしていました。そのうえで、「必要性」と「許容性」を意識して、例外的な結論が妥当であることを説明するように心掛けていました。

> (例)　所有権についての権利自白の拘束力
> 　弁論主義は事実の主張と証拠の提出を当事者の権限と責任にゆだねるというものであり、権利の存否を法の解釈適用によって判断するという作用は裁判所の専権である。よって、所有権という権利に関する権利自白について裁判所に対する拘束力を認めることは原則としてできないはずである（原則からの帰結）。しかし、所有権についての権利自白の拘束力を認めなければ、原告は、所有権の起源にさかのぼって逐一権利移転の来歴を主張しなければならなくなる。これは原告にとって極めて困難を強いるものであるから、拘束力を認める必要性が高い（必要性）。他方で、所有権という法概念は日常的に用いられているから、一般人もその意味を理解しているから、このような場合に限って権利自白を認めても問題はない（許容性）。よって、所有権についての権利自白にも、裁判所に対する拘束力を認めるべきである（例外的な結論の指摘）。

　最後に、③のパターンについては、類推適用を認める必要性や、類推の基礎がどこにあるのかをしっかりと指摘すること、さらにどのような場合には類推適用を認めることができるのかという基準をはっきりと示すことに気を付けました。

> (例)　民法94条2項の類推適用
> 　権利者でない者が権利者であるかのような虚偽の外観がある場合には、それを信頼して取引に入った第三者を保護する必要がある（類推適用を行う必要性の指摘）。ここで、民法94条2項は、真の権利者に、外観作出について通謀という大きな帰責性が存在することを根拠にして、真の権利者の犠牲において外観を信頼した第三者を保護する規定であるから、通謀が認められなくても、通謀と同程度の帰責性が認められる場合には、同条を類推する基礎がある（類推の基礎の指摘）。よって、真の権利者に通謀と同程度の帰責性が認められ、かつ民法94条2項所定の要件を満たす第三者については、同条の類推適用を認めるべきである（類推適用を認めることのできる場合についての帰結）。

第2章　司法試験上位合格者の勉強法　　45

　このように、論点の位置づけをしっかりと整理することはできていれば、その論点についてポイントとなるべき事項がおのずと明らかになるので、規範定立の論述が論理的なものになると思います。
　知識の整理は、このような意味で非常に重要なものなのです。
　　エ　あてはめについて
　あてはめをするときは、自分の立てた規範（ルール）を意識して、具体的な事実がその規範にあてはまっていることを示す必要があるので、自分の立てた規範とあてはめが対応しているかどうかということをしっかり意識しなければなりません（逆に、規範定立で立てるべき規範は、それに対応したあてはめが可能なくらいに具体的なものでなければなりません。）。
　そして私は、あてはめについては、具体的な事実の指摘、その事実の意味付け・評価、その意味付けや評価に従うと具体的な事実がルールに適合していると考えられることの指摘という流れをとって書くように意識していました。最も気を付けていたことは、事実の摘示の記載で、その評価の記載を明確に区別するように心掛け、事実を単に摘示するだけになってしまったり、評価だけを記載して事実を摘示しなかったりということがないようにすることでした。

> （例）　請負の瑕疵担保責任に関する「瑕疵」のあてはめ
> 　民法634条にいう「瑕疵」とは、当該請負契約の契約の趣旨に従って目的物が通常備えるべき性質性能を欠いていることをいう（規範）。
> 　これを本件についてみると、本問では、AはB邸の外壁の仕様を気に入り、Cとの間で本件請負契約を締結するに当たって、CにB邸を実際に見せてA邸の外壁をB邸と同じ仕様にしてほしいと伝え、CもAの希望に沿った改修工事が可能であると伝えてこれを了解している（事実の指摘）。そうすると、本件請負契約においては、A邸の外壁を、単に性能上問題がないように改修するということのみならず、当該外壁をB邸のものと色合い等も含めて同様の仕様にすることが、特に重要な意味を有

していたものというべきであり、このことが契約の趣旨になっていたものと認められる（事実の意味付け・評価）。そうすると、A邸の完成した外壁は、B邸のものと色合いが異なる以上、契約の趣旨に従って備えるべき性質を欠いているといえ、「瑕疵」があるといえる（規範に適合することの指摘）。

 このようなあてはめをするためには、①その規範についてあてはめをするに当たってはどのような事実に着目するべきなのか、②その事実がその規範についてあてはめを行う際にどのような意味を持っているものなのか、の2点について理解を深めておく必要があります。そのための重要な教材が判例です。すなわち、私は、判例が規範を適用することについてどのような事実を拾い上げているか、またその拾い上げた事実をどのように評価して結論を導いているのかということに着目して判例を読み、上記の①②について整理しておくように心掛けました。

(2) 論文式試験の勉強法について
　ア　問題集は何を習得したいかに応じて使い分ける
 論文式試験の対策として、いろいろな問題集を解いて勉強する場合が多いと思います。私も問題集を使って勉強していましたが、その際には、その問題集によって何を身に着けたいのかということをよく考えて選ぶようにしていました。例えば、旧司法試験の問題や事案が短くて論点がはっきりしている問題集は、具体的な事案で基本的知識がどのように問題になるのかを勉強することができる点でメリットがありますし、新（現）司法試験の問題や長文の事例問題などは、複雑な事案を分析して論理的に答案を組み立てたり、豊富な事実から意味のある事実を抜き出して評価したりする必要があることから、そのような事案分析力やあてはめの力を伸ばすのに適しています。私の場合、

基本書などを読んで勉強した後は、まず単純な事案で論点がわかりやすい問題集を使って勉強したのち、新司法試験の問題などに取り組むようにしていました（実際に答案を書いていたものもありますし、答案構成だけで済ませていたものもありますが、新司法試験の過去問はできるだけ答案を書くようにしていました。）。結局のところ、問題集をやるときにも、きちんと目的意識を持って取り組むことが重要で、単にみんなやっているから自分もこの問題集をやるというような姿勢では、あまり意味がないと思っています。

　また、新司法試験の過去問を解いた後は、解きっぱなしにするのではなく、出題趣旨・採点実感・合格者と不合格者の再現答案の分析を行っていました。出題趣旨を読むことはもちろんですが、採点実感にも目を通し、特に採点実感の、どのような答案が「優秀」「良好」「一応の水準」「不良」と評価されることになるのかという記載に着目していました。また、合格者・不合格者の再現答案にも目を通し、不合格者と中位合格者、上位合格者が、どのような論点に触れているのか（あるいは触れていないのか）、また触れている場合にどの程度の分量でどのような記述をしているのかを分析するようにしていました。このような分析を通じて、その問題について合格点を取る（採点実感でいう「一応の水準」の答案）ためにはどのような論点に触れなければならないのか、また、その問題で上位合格をする（採点実感でいう「良好」「優秀」の答案）ためにはどのような論点や事実などに触れていなければならないのかを整理しました。そして、自分の書いた答案が、合格点を取るために必要な点に触れることができていない時は、基本的知識の理解が不足しているということなので、基本書に戻って復習をするようにしていました。

　　イ　答案を書くことの重要性
　私は、司法試験受験1年前（法科大学院既修2年目開始時点）から、

司法試験受験直前まで、必ず2日に1通（一週間に3〜4通）のペースでなにかしらの問題について答案を書くようにしてきました（答案を書いていたのは、新司法試験の過去問を中心にして、長文の事例問題集の問題なども解いていました。）。そして、特に新司法試験の問題は、時間を計って制限時間内に答案を書く練習をしていました。

周りの受験生には、試験直前になるとインプットの方に多くの時間を割いて答案を書くことをおろそかにしてしまう人もいましたが、やはり自分がよく理解していない論点や、自分の文章の癖などは、実際に自分でアウトプットをしてみたほうが発見しやすいですし、司法試験の合格に必要な事案を分析する力や事実を抽出する力は実際に問題を解いてみなければ身に着けることはできません。

また、制限時間内に答案を書くことで、自分が答案を書くのにどれくらいの時間がかかるのか把握することができ、これを踏まえて本番の時間配分を考えることもできますし、答案を書く練習を何度も重ねることによって答案を書くスピード（いわゆる筆力）も向上させることができます。

以上のような点から、私は、答案を書くというアウトプットの練習はおろそかにするべきではないと思います。

　ウ　自主ゼミの行い方

特に法科大学院に行っている方は、司法試験のための勉強として、自主ゼミを組んで勉強している方も多いと思います。私も、自主ゼミを組んで勉強していました。

私たちが組んでいた自主ゼミでは、メンバーがそれぞれ同じ問題で答案を書き、それをお互いに見せ合って、それぞれの答案の論じ方や表現ぶりの問題点、例えば、「答案のこの部分のつながりがわかりにくい」とか「ここの接続詞の使い方がおかしい」といったことを言い合

うということをしていました。すなわち、自主ゼミを、第三者に客観的な視点で答案を見てもらう機会として利用していました。このような自主ゼミを行うことで、自分の文章の癖をかなり直すこともできましたし、自分が理解しているようで本当は理解していないところもより明確になったように思います。

　周りの受験生でも、自主ゼミの運営の仕方にはいろいろありましたが、私は、論点について議論するだけの自主ゼミにはあまり意味がないのではないかと思っています。論点についての知識を深めるだけなら一人でも基本書や予備校本などを読むことによって可能ですし、それぞれの論点について各自が採っている立場が異なっている場合には、単なる学説論議になってしまって司法試験の対策としては有益な点がないと考えられるからです。自主ゼミを組むのであれば、一人で勉強しているのではなくて自主ゼミを組む意味はどこにあるのかを考え、その自主ゼミで何を身に着けようとするのか、そのために何をするのかということをメンバーでしっかりと話し合っておくことが重要です。

　自主ゼミをするか否かにかかわらず、客観的な視点で自分の答案を分析してみるということは重要です。私は、自主ゼミで扱わなかった問題の答案についても、答案を書いてからある程度時間をおいて（一週間から一か月くらい）、もう一度自分の答案を読み返すということをよくやっていました。時間をおいて読み返してみると、答案を書いている段階では気にならなかった癖や変な表現を発見することができ、文章力を向上させることに役立ったと思います。答案の読み返しを行う際には、できるだけ客観的な視点で、つまり、第三者がどのように受け取るだろうかと考えながら読み返してみることが重要です。

(3) 科目別の留意点と勉強法
〔憲　法〕
　ア　問題を解く際に気を付けていた事項
　　（ア）　自由権侵害の事案についての答案の構成
　憲法の答案において、自由権については、一般的に次のような構成で答案を書いていきました。

---
①　保護範囲＝㋐原告の主張する権利利益が憲法のどの条文によって保護されているのか＋㋑原告の主張する権利利益は憲法上どの程度保障されているのか（保障強度）
②　制限＝㋒原告の主張する権利利益は、本事案ではどのように制限されているといえるのか＋㋓その権利制限はどの程度強度なものか
③　正当化＝㋔①②を踏まえて、本件ではどのような審査基準を取るのが妥当か＋㋕その審査基準の本件でのあてはめ

このうち、
（ⅰ）　①㋐と②㋒は、「原告のどのような憲法上の権利が、どのように制限されているか」を問題にする、いわば「法律構成」に該当する部分であり、
（ⅱ）　①㋑と②㋓は、その事案における具体的な審査基準を導くための理由としての意味を有する部分であり、
（ⅲ）　③㋔は、①②により理由付けられたその事案での規範（ルール）であり、③㋕はそのあてはめという部分である、
ということができます。憲法の答案は、この（ⅰ）（ⅱ）（ⅲ）それぞれについて、争点を形成し得るものです。したがって、このような着眼点を意識しつつ、問題文の事案を分析して、どの部分を主要な争点として設定するのかということを考えるようにしていました。

特に、上記①㋐の着眼点や、②㋒の着眼点については、争点を見落としがちなので、憲法の問題文を読むときに、原告の主張する自由は本当に憲法の条文で保障されると解されるのか（条文の解釈次第では保障されないと解する余地はないか）という点や、原告の主張する自由がその事案で本当に侵害されているのか（制限されていないと解する余地はないのか）ということをよく考えるようにしていました（司法試験の過去問でいえば、平成23年の憲法の司法試験が、情報提供行為を行う自由が憲法上どのように保護されるのかという点で①㋐の着眼点が問題となり、平成27年の司法試験が、表現行為を理由に国家からの利益の供与を拒否することが表現の自由の侵害に当たるかという点で②㋒が問題となった事案ということができます。）。

　（イ）　憲法の条文を解釈することを意識する

　憲法も制定法である以上、憲法の問題を解くうえで、憲法の条文を大事にし、その条文の解釈論として答案を書くことが必要です。特に、上記①㋐の着眼点については、原告が主張する自由が憲法上保障されていることを条文の解釈論として導いてこなければなりません。

　他の法律科目と比較しても、憲法は特に、三段階審査論とか違憲審査基準論などの答案作成のテクニックばかりに目が行ってしまい、肝心の憲法の解釈論が軽視されてしまう傾向があると感じます。例えば、「憲法22条1項は、職業活動の自由を保障する」と簡単に書いてしまう答案がよく見られます。しかし、憲法22条1項の職業選択の自由の一内容として、職業活動の自由も保障されるべきとされていますが、あくまで条文上は「職業選択」の自由が保障されているだけですから、それを超えて「職業活動」の自由まで保障されるというためには、憲法22条1項の解釈をすることが必要となるはずです。よって、職業活動の自由が問題となる事案では、憲法22条1項の解釈論を答案でしっかり表現するということが求められているはずなのです。

憲法の解釈論をしっかりと身に着けるためには、憲法の基本書を精読すること、基本的な判例を読み込んでおくことが必要です。憲法であっても、法律の解釈論なのであり、それをマスターするためには、他の法律と同じように基本的な知識を一歩一歩着実に押さえていくことが重要であることに変わりはないのです。

　（ウ）　審査基準の意味をしっかり理解したうえであてはめる

　審査基準のあてはめを行う際には、そのあてはめが、自分の立てた違憲審査基準の持つ審査密度にかなったものになっているか（審査密度の高い審査基準を採用しているのに、そのあてはめの記述が簡素なものになってしまっていないか）ということをチェックする必要があると思います。私は、各審査基準の意味について、おおむね以下のようにとらえていました。

---

① 合理性の基準＝不当な目的でなければ目的審査はＯＫ＋手段が目的達成のために「役に立つ」と一応言えれば手段審査もＯＫ

② 厳格な合理性の基準＝目的が「重要」といえなければならない＋手段が目的達成のために「役に立つ」ということについて、客観的なデータ（立法事実の裏付け）がなければ手段審査はＮＧ（ＬＲＡを要求する見解もあり）

③ 厳格な基準＝目的が「やむに已まれぬ目的」といえなければＮＧ＋手段が目的達成のために「役に立つ」といえること（適合性審査）に加え、目的達成のためにとりうる手段の中で「最も権利侵害の程度の低い手段」でなければ手段審査ＮＧ（必要性審査）

　　（エ）　適用違憲について

　適用違憲が司法試験で問題になる場合、その多くが条文の合憲限定解釈が問題になります。この場合も、答案の書き方は法令違憲の場合とあまり変わらないと思います。すなわち、上記「（ア）　自由権侵害

の事案についての答案の構成」の①㋐→①㋑→②㋒→②㋓と論述を進めた後、審査基準論をたてる代わりに、「以上のことからすると、（法律）は（原告）の〜の自由を強く侵害するものであるから、（法律）を広く適用してしまえば、自由に対する不当な侵害となる恐れがあり違憲となる疑いがある。よって、（法律）の〜という規定は、〜と限定解釈するべきである。……」などと論述し、自分のした限定解釈に沿ってあてはめを行うようにしていました。

　　（オ）　自由権以外の権利について

　自由権以外の、制度の構築について立法府の立法裁量が憲法上認められる権利（社会権や生存権）などは、違憲論の立場からは、立法裁量を統制していくことが必要となります。その際のポイントとして、

> ①　憲法の趣旨→憲法は、立法裁量権を立法府に与える際に、「こんな制度を作ってほしい」という趣旨で立法裁量権を与えているはずなので、そのような憲法の趣旨に反する立法裁量権の行使は、厳しく審査される（例：在外国民選挙権制限訴訟。普通選挙の原則に反する制度を作ることは立法裁量にゆだねることはできず、厳格審査となる）
> ②　国民に与える不利益の大きさ
> ③　立法裁量の自己矛盾（例：一人別枠方式違憲訴訟。立法府が、自ら「一票の格差が1：2以下になるような制度をつくる」としながら、それと矛盾する制度（＝一人別枠方式）を維持することの合理性は厳しく審査）

などに着目していました。

　　イ　特に行っていた勉強法

　以上に述べたとおり、私は、司法試験の憲法の答案（自由権について）を、上記のような構成で書いていました。そこで、判例集などを

読んで勉強する際にも、「この判例の事案で答案を書くとするとどうなるか」ということを考えながら読んでいくようにしていました。すなわち、自由権についての重要な判例（大法廷判決や、君が代起立斉唱事件・泉佐野市民会館条例事件などの重要な小法廷判決）を、

> ① 判例では、どのような自由の侵害が問題となっていて、その自由は憲法何条で保障されると判例は考えているか、また、自由が保障される根拠はどのように考えているか
> ② 当該事案で問題となっている自由についての重要性についてどのように言及しているか
> ③ 当該事案では、どのような意味で権利の侵害が問題となっているのか（刑罰が科せられるのか、また表現をする場の提供が拒否されたのか、また侵害がないとしてそれ以上の憲法判断をしていないのかなど）
> ④ ③の権利侵害の強度について、判例はどのようにとらえているか（強度なものととらえているのか大したことはないととらえているのか）
> ⑤ 当該判例はどのような審査基準を採用したのか
> ⑥ その審査基準をどのようにあてはめているのか
>   →どのような点を法の目的ととらえ、その目的の重要性についてどのように評価しているか→手段と目的の関連性についてどう評価しているか、他に緩やかな手段があるか否かについてどのように評価しているか

という観点で整理してラインマーカーを引き分けたり、ノートにまとめたりするようにしていました。このように手を動かしながら判例を読むことにより、判例の考え方をより身に着けやすくなると思います。そして、余裕があれば判例評釈などにも目を通し、上記①～⑥の各観

点について、学説がどのように判例を批判しているのかをチェックするようにしていました。

また、自由権以外の権利については、基本書などで、立法裁量を限定するための理論や学説（例えば、生存権に関する制度後退禁止原則や1項2項峻別論など）を勉強したり、判例を読むときも立法裁量の広狭について判例がどのように考えているか（厳格な審査をしているのならその根拠は何か）に着目して読むようにしていました。

〔行政法〕
　　ア　問題を解く際に気を付けていた事項
① 問題文に徹底的に寄り添うこと

司法試験の行政法の問題は、問題文中に多くの事実が記載されており、また、問題文の事実の中で注目してほしい事実や、設問を解くに当たって解決すべき論点などについても、弁護士の会話文によって明確に誘導されています。そうすると、行政法の答案としては、これらの誘導に沿って書いていく必要があります。いわば、会話文で誘導されている事実や論点を、行政法の枠組み（救済法でいえば原告適格や処分性の判断枠組み、総論でいえば裁量の逸脱濫用の判断枠組みなど）に「あてはめて」、その枠組みの中で処理することが求められているといえます。したがって、私は、問題文を読むときに、「この事実や着眼点は、処分性の判断枠組みの中のどこに関係するのだろうか」などと考えながら、読むようにしていました。

このように、行政法の場合には、問題文に徹底的に寄り添って答案を書く必要があります。逆に言えば、設問を離れて自分の頭で考えすぎてしまうと、解答の筋からはずれていってしまうことになります。

② 行政法はすべて「法解釈」である

行政法総論（行政処分の違法事由の問題）も、行政救済法（処分性

や原告適格などの問題）も、すべて行政個別法の理解や解釈が求められていることに留意すべきです。

　　（ア）　行政法総論の場合

　行政処分が違法であるかどうかが問題となる場合、まず、当該行政処分をするか否かの判断に裁量があるか否かを検討しなければなりません（この裁量には、個別法の個々の条文の要件に該当するか否かの判断に裁量がある場合と、条文の要件に該当するか否かの判断に裁量はないけれども当該事案について処分をするかしないか及びするとしてどのような処分をするかの判断に裁量がある場合の2種類があります。）。そして、裁量があると認められる場合とは、その個別法の条文の趣旨として、「画一的な判断をするのではなく、行政庁に個別的な判断を許す趣旨である」と解釈することができるときに、裁量が認められるということになります。よく、裁量の有無についての考慮要素として、文言の規定ぶりや・法の趣旨目的などがあげられますが、これらも結局、以上のような個別法の趣旨解釈を導くための要素に過ぎません。要するに、画一的な判断ではだめだと個別法の趣旨を解釈できればよいのであって、このように解釈できるかどうかについて重要な要素は、個々の事案によって違うはずなのです。考慮要素を機械的にあてはめれば足りるというものではありません。

　そして、裁量がないと判断される場合には、その個別法の文言の意味についてあるべき判断基準を法解釈によって導きだし、その判断基準を事案にあてはめることが必要となります。この場合には、法解釈をするに当たって、問題文で触れられている当該個別法の趣旨・目的などに着目するべきです。

　これに対して、裁量があると判断されるときには、裁量判断の逸脱濫用の有無を判断することになりますが、この場合でも、

① 　裁量を認めた個別法の趣旨に照らして必ず考慮すべき事項を考慮

していなかった、あるいは個別法の趣旨に照らせば慎重に考慮すべき事項なのにそれを軽んじてしまった場合
② 個別法の趣旨に照らして考慮することが許されないようなことを考慮して処分をしてしまった場合

には、裁量の逸脱濫用が認められることになります。すなわち、裁量が認められる場合でも、行政処分の違法を判断するためには、さらに個別法の趣旨を解釈することが必要となるのです。

このように、行政法総論の問題は、すべて個別法の理解や解釈の問題であるといえます。

　　（イ）　行政救済法の場合

行政救済法の場合でも、個別法の条文の理解や解釈が求められることに変わりはありません。例えば、

① 処分性の論点については、その行政行為によって、私人にどのような法的効果が生じるのかという点、及び、当該行為が行政庁の処分としての性質をもつものかそれとも契約の締結などの私的行為としての性質を有するのかという点について、個別法の条文の仕組みや趣旨に関する理解や解釈が問題となり、
② 原告適格の論点についても、当該処分の根拠たる個別法の規定の中に、原告が主張する利益を保護する趣旨で規定されたと認められる条文を発見することができるかという点で、個別法の趣旨に関する解釈が問題となる

ということになります。行政救済法というと、行政事件訴訟法の解釈だけを勉強すればいいように思われるかもしれませんが、むしろ救済法の問題を解くときほど、個別法についての理解や解釈をしっかりと答案に表現するように気を付けていました。

イ　特に行っていた勉強法

　行政法については、上記のとおり、ほぼすべての論点について、個別法の理解や解釈をしっかり身に着けることが必要となります。私は、基礎固めの段階では、基本書などで各論点の一般論を勉強した後、判例集などで判例を読み込むようにしていました。判例を読む際には、必ずその判例で問題となった個別法の規定を確認してから読むようにし、判例が、個別法の条文をどのように解釈しているのか、個別法の仕組みをどのように理解し結論を導いているかということを意識しながら読むように努めました。

　そして、問題演習をするに当たっては、新司法試験の過去問に重点的に取り組みました。

　以上のとおり、司法試験の行政法の問題は、問題文の誘導に沿って問題文に出てくる事実や着眼点を行政法の枠組みに「あてはめる」ということが重要になってきますが、そのような練習をするに当たっては、司法試験の過去問が最もいい教材になると考えていたからです。問題を解いた後は、必ず出題趣旨と採点実感、再現答案を確認し、問題文に出ている事実などをどのように（行政法のどの枠組みの中で）使えばよかったのかということを確認するようにしていました。

〔民　法〕
　ア　問題を解く際に気を付けていた事項
　　（ア）　法律構成は法律効果から考えていく
　民法の論文式試験では、多くの場合、当事者の求める請求を可能ならしめるための法律構成を自分で考えることが求められます。このように、事案から適用されるべき条文・民法規範を選択するときには、その条文の効果から考えていかなければなりません。つまり、

> ① 当事者の求める請求を実現するためには、どのような法律効果を発生させる必要があるのか
> ② その法律効果を発生させる根拠となる条文として何があるか
> ③ ②で選んだ条文のうち、事案に即して最もその要件が充足することを論証しやすい条文を選択する

というステップを踏むことが必要になるのです。

　法律構成については、問題文の事実関係を見て、「何が論点になるだろうか？」などと論点を探しに行ってしまい、思いついた論点が含まれる法律構成を選択する、という考え方をすることがあります。しかし、このような考え方をしてしまうと、出題の趣旨から外れて大外ししてしまう原因になりかねません。

　また、一つの設問に複数の論点が含まれる問題もあります。この場合には、その論点を解決することによってどのような法律効果が生じるのかということを考えて、複数の論点をどのような順番で論じていくかということを考えなければなりません。例えば、ある論点が解決された場合に、そのことを前提にして、また次の論点が生じる、というような関係になっている場合も多く、このような場合には、論じる順番に配慮しなければ、採点者に十分に論点の理解を伝えることができなくなるからです。

　このように、民法の問題は、条文の法律効果ということを大事にして、論述を組み立てることが必要です。問題を読んで、論点を思いついたとしても、そこでふと一旦立ち止まって、「何のためにこの論点を書くのか？」ということをよく考えるようにしてください。

　　　（イ）要件事実の問題も実体法の解釈の問題である

　民法の問題では、「下線部の事実の法律上の意義を説明しなさい」などという設問があり、このような問題は、要件事実論に従って解答す

ることが必要となります。このような要件事実論の問題は、単に要件事実論について記憶していることをそのまま書くというような答案になってしまいがちです。

　しかしながら、要件事実論の問題であっても、その要件事実論の背後にある実体法の解釈をしっかりと踏まえる必要があります。すなわち、問題となる条文の要件の意義に関する一般的な理解を解釈論としてしっかり示した後、その解釈論に従って問題文の事実の意味を分析することが必要となるのです。例えば、平成24年の司法試験民法の設問1小問(2)では、長期取得時効の「所有の意思」に関する要件事実の理解が問われていましたが、単に「他主占有権原」とか「所有の意思は法律上推定される」といったキーワードを記憶に従って書くのではなく、まずは「所有の意思」の意義を解釈してその意味を明らかにし、そのことを踏まえて設問の事実が「所有の意思」の認定に当たってどのような意味があるのかを論じていく必要があります。

　要件事実論の問題には限られませんが、民法の問題を解くに当たっては、条文の要件一つ一つの意味をしっかりと理解し、正しくそれらを認定できるようになることが最も重要だと思います。論点ばかりを勉強するのではなく、まずは基本的な条文の文言の意味内容を正確に理解するように心掛けてください。

　　　（ウ）　応用的な問題が出たときの対処法
　民法の司法試験の問題では、時に今まで全く勉強したことのないような応用的な問題が出題されることがあります。私は、このような問題が出た場合にこそ、原理・原則や条文から考えていく姿勢を見せるように心掛けていました。すなわち、このような問題が出題された場合には、

①　まず、その問題について条文や原理・原則のとおりに考えたらどのような結論になるのかを明示する

② 次に、①のような結論を取ってしまうと不当な結論になってしまうことを具体的に論証する
③ そして、妥当な結論を導くことができるように、自分なりに考えた解釈論を示し、あてはめを行う

という順番で答案を書くように心掛けました。原理・原則や条文から考えているということを答案で表すことで、より答案の説得力が増すと考えていたからです。

そして、③の自分なりの解決策を示すという段階では、まさに「自由演技」というべきものであって、正しい「答え」があるような問題ではないので、その事案で自分なりに考え得る解決策を自分の言葉で論じればよいということになります。私は、次のことをヒントにして解決策を考えるようにしていました。すなわち、

① 条文の制度趣旨などを踏まえて、条文の文言を限定解釈したり拡張解釈したりして妥当な結論を導くことができないかを考える
② そのまま適用できなくても、当該事案と利益状況が似ている条文を発見できたときは、当該条文を類推適用して妥当な結論を導くことができないかを検討する
③ 当事者間に契約関係がある場合には、その契約について合理的意思解釈を施して妥当な結論を導くことができないかを検討する
④ ①〜③でもだめなら、当事者が不当な行為を行っていることなどに着目して信義則違反を論じる、当事者の利益や不利益の大小に着眼して権利濫用を論じるなど、一般法理によって妥当な解決を導けないか検討する

というものです。
　　イ　特に行っていた勉強法
　民法については、特に民法だけに特別に行っていた勉強法はなかっ

たと思います。すなわち、基本書を読んで、基本的な条文の文言の意味内容や論点の理解を身に着けた後、簡単な問題集でその理解を具体的な事例に即して確実なものにするように努めました。なお、判例などを勉強する際に、判例の理由付けはあっさりしていることが多いですが、その理由付けをただ覚えるだけで終わるのではなく、その簡素な理由付けの裏側に隠されている実質的な考慮（利益衡量）を自分なりに理解することに努めました。このような利益衡量を押さえることが、民法の答案で充実した論述をするために必要であると考えられるからです。

その後、新司法試験の過去問などの長文の事例問題を使って、法律構成の選択や複数の論点が含まれる問題の処理、事実の評価やあてはめといったことのトレーニングを行っていました。

〔商　法〕
　ア　問題を解く際に気を付けていた事項
　　（ア）　会社法は条文から論じることを心掛ける
　会社法の司法試験の問題は、もちろん論点に関する知識が問われることも多いですが、条文を素直に適用すれば解決することができる問題や、制度の仕組みに関する条文の理解が問われる出題も多くあります。

確かに、会社法の問題は、条文が多くてわかりにくいことも多いですが、逆にその分、条文を見ればほとんどの問題を解決することができるはずなのです。そうした問題では、基本的な条文を答案でしっかり指摘することが必要で、条文に対する理解をおろそかにするべきではありません。また、論点を論じる際にも、条文の文言の意義が明確ではないために論点になることが多いので、やはり条文を指摘しつつ論じることが重要だと思います。

このように、会社法はまずもって条文に対する理解を深めるように努めなければなりません。試験場で条文を引けるようになるためには、普段基本書を読んだり問題集を解いたりして勉強している際にも、六法を隣に置いて条文を引きながら勉強することが重要であると考えています。

　（イ）　任務懈怠（善管注意義務違反）の書き方

　会社法の問題では、よく取締役の任務懈怠責任（会社法423条1項）について問われることが多いですが、このような問題が出たときには、単なる事実の羅列になってしまったり、直感的な判断で結論を出していると思われたりしないように注意して答案を書いていました。例えば、

> （取締役）
> 　Aは、代表取締役であるBが取締役会の承認を得ることなく利益相反取引をしようとしているにもかかわらず、なんら対策を取ろうとしなかった。よって、Aには善管注意義務違反があり、任務懈怠がある。

というような答案を書くことがありますが、これでは不十分です。

　善管注意義務違反は、取締役として負うべき注意義務に違反した、すなわち取締役としてすべきことをしなかった、ということを意味するわけですから、注意義務の内容をその事案に応じて特定することが必要となるはずです（このことは、民法の問題で過失について論じるときにも同じことが言えます。）。よって、以下のように答案を書くべきです。

> （取締役）
> 　Aは、代表取締役Bが取締役会の承認を得ることなく利益相反取引を行おうとしていることを知っていた（違法行為についての予見可能性）。よって、Aとしては、かかるBの違法行為を是正して会社に損害が生じるのを防止するため、取締役会を招集してBの行為に反対したり、Bに当該行為をしないように説得したりする義務があった（Aの負うべき注

意義務の内容の指摘）。しかしながら、Aはなんらの対策を取ることなくこれを放置した。よってAは、取締役として負うべき善管注意義務に違反しており、過失がある。

　このように、取締役として負うべき注意義務の内容を具体的に特定するに当たっては、その取締役の違法行為等に対する認識の有無や程度、及びその取締役の置かれた役職や地位などの事実関係によって取締役の負うべき義務の内容が変わります（例えば、代表取締役が違法行為をしようとしていることにまったく気が付きようのなかった取締役に義務を負わせることはできませんし、また販売部門担当の取締役が会計部門の従業員の行った不正行為を阻止する義務を負うかどうかは慎重に検討する必要があります。）。

　イ　特に行っていた勉強法
　　（ア）　会社法を勉強する際の基本的な視点
　会社法を勉強するときには、会社を取り巻く様々な関係者（ステークホルダー）の利害を考えていくことが必要となります。そこで、私は、会社法の論点を、次の2つに整理して勉強していきました。

① 会社と株主間、株主と取締役間、取締役と会社間での問題など、会社組織内部の紛争（例えば、株主総会決議取消、取締役が任務懈怠責任を負うかなど）
② 会社と会社以外の第三者との間の取引行為についての紛争（例えば、新株発行の無効、組織再編の無効など）

　このうち、①については、会社のオーナーは株主であり、会社法上、株主の利益の保護が最大限重視されますが、会社の経営上の必要性と利益調整をすることが必要となります。これに対して、②については、

株主の利益もさることながら、会社と第三者の取引であるから、「取引の安全」が重視されるでしょうし、その取引の結果会社の財産が流出するのだとしたら（例：財源規制違反）、「債権者の利益」も十分考慮されなければならず、株主の利益と取引安全・債権者保護の利益の調整を図らなければなりません。

このような観点から、会社法の論点の理由付けを整理していくと、よりよく理解できるのではないかと思います。

（イ）　論文問題に対応できるように知識を整理する

司法試験の会社法の問題を解くためには、次の3つの知識が必要になると考えられます。

> ①　会社法上の手続に関する知識（株主総会取消事由としての手続の瑕疵を発見したり、新株発行の無効事由を発見したりするために必要になります。）
> ②　役員の会社や第三者に対して負う責任の成否に関する知識
> ③　株主や債権者などが、会社の行為に不満を持っている場合に、その救済手段を選択するために必要となる知識

というものです。

このうち、①については、とりわけ会社法の条文の仕組みの正確な理解が必要になります。そこで、会社法の条文を逐一確認し、取締役会や株主総会など、それぞれの会社法上の行為を行うための手続の流れをフローチャートにしてまとめるようにしていました。

次に、②については、任務懈怠の意義に関する正確な理解と同時に、役員の責任の成否に関する判例をしっかりと理解する必要があります。そこで、競業避止義務違反、内部統制システム構築義務違反など、それぞれの義務違反の類型ごとに判例を読み、判例が、どのような点に着目して任務懈怠を肯定しているのか（逆に言えば、どこまでの注

意を払っていれば責任を免れるのか）という点に着目して読むようにしていました。

最後に、③については、例えば、「合併比率が不公正である場合の株主の救済方法」、「キャッシュアウトが行われた場合の株主の救済方法」、「詐害的な会社分割がされた場合の債権者の救済方法」など、司法試験でよく問われるテーマについて、それぞれのテーマごとに会社法上どのような救済方法が用意されているのかノートにまとめるようにしていました。

〔民事訴訟法〕
　ア　問題を解く際に気を付けていた事項
　　（ア）　問題文の指示に従う

行政法と同じですが、司法試験の民事訴訟法の問題は、問題文に挙がっている会話文が最も重要といえます。例えば、会話文に判例が挙がっているなら、答案にはその判例についての理解をしっかりと示さなければ問いに答えたことになりませんし、会話文にある特定の見解に従って検討してほしい旨が示されれば、それに従って検討しないと評価されることはありません。

つまり、問題文にある会話文は、「こういう答案を書いてほしい！」と出題者が必死でメッセージを送っている部分といえます。会話文を注意深く読めば、必ずどこかに解答の際に参考になる着眼点やヒントが書いてあるはずですから、問題を解く側としては、これをしっかり活かせるように心掛けるべきです。

逆に言うと、民事訴訟法に関する知識は、あくまでも会話文の問題意識を検討するために必要な範囲内で答案に書かなければなりません。設問を離れて、解答に不要な一般的な知識をいくら書いても評価されることはないと思います。

（イ）既判力の遮断効に関する注意点
　司法試験の民事訴訟法の問題では、毎年のように既判力に関する問題が出題されており、特にその中でも、既判力の遮断効に関する問題が出題されることが多くあります。しかし、このような既判力の問題については、同一・先決・矛盾といった、既判力が作用する場面に関する類型論ばかりにこだわりすぎて、十分な論述ができていない方が多いのではないでしょうか。
　既判力の遮断効は、前訴の口頭弁論終結時（既判力の基準時）における訴訟物の存否に関する判断を後訴で争うことを許さないとするものです。したがって、既判力の遮断効が及ぶ場合とは、後訴で行っている当事者の主張が前訴の既判力の基準時における訴訟物の存否に関する判断を争うものである場合、すなわち、後訴における当事者の主張を成り立たせようとすれば前訴の基準時における訴訟物に関する判断と矛盾せざるを得ない場合には、既判力の遮断効が及ぶということになります。
　例えば、平成27年の民事訴訟法（設問3）では、前訴で相殺の抗弁を提出し、これが認められた前訴被告が、後訴において、前訴では相殺の抗弁以外の理由で請求を棄却すべきだったのに相殺の抗弁を認めたことにより自らの債権を失うことで損害を被ったとして、前訴原告に対して不当利得返還請求をしたという事案における既判力の遮断効が問われました。この場合、後訴で被告が、不当利得の要件のうち損失の要件を満たすようにするためには、本来前訴被告の自働債権は実体法上（相殺されることなく）存在するはずであるのに前訴で相殺の抗弁により自働債権が存在しないという判断に既判力が生じてしまったということを主張しなければなりませんが、このような主張をするためには、前訴の基準時において前訴被告の自働債権が実体法上存在するということを主張せざるを得なくなりますから、民事訴訟法114条2

項の既判力に抵触する主張ということになります。

これに対して、平成28年の民事訴訟法（設問3）②は、前訴で甲土地が団体Aの構成員の総有に属すると判断されたことで、前訴が提起される前に甲土地についてAの代表者Bとの間で抵当権を設定したCが後訴でBに対して債務不履行に基づく損害賠償請求をしたのに対し、BがCとの間で設定した抵当権は有効であると主張することの可否が問題となった事案です。この場合、あくまで甲土地にCのために抵当権が設定された当時甲土地の所有権がBにありさえすれば抵当権は有効に成立してBに債務不履行はなくなるわけですから、Bが抵当権の有効な成立を主張するためには、前訴基準時においても甲土地の所有権がBにあると主張する必要はなく、Bの主張は前訴の基準時における訴訟物の判断と矛盾しなくとも成り立つことになります。したがって、Bの主張は既判力の遮断効には反しません。

このように、既判力の遮断効を考えるときは、後訴の当事者の主張を実体法の理解に基づいて分析し、前訴の基準時における既判力ある判断との矛盾の有無を判断しなければならず、実体法の正確な理解も重要になってきます。同一・先決・矛盾というのは、あくまで既判力が作用する典型的な場合を類型化したものに過ぎず、これが事案を解決してくれるわけではないことに留意すべきです。

イ　特に行っていた勉強法

（ア）　民事訴訟法特有の利益衡量の在り方をマスターする

民事訴訟法に限ったことではないですが、民事法の問題はすべて、様々な利益を調整して結論を導いてくることが必要になります。例えば、民事訴訟法ではよく、相手方の応訴負担・裁判所の訴訟経済・矛盾判断の防止などのキーワードが出てきますが、これを単に押さえるというだけではなく、様々な論点において、このような利益がどのよ

うに考慮されており、どのような利益が優先されて結論が導かれているのかということをしっかり習得することが必要なのではないかと思います。

他にも、訴訟参加（補助参加や独立当事者参加など）の論点については、苦手にしている方も多いと思いますが、私は、参加制度の論点について、

① 参加制度を広く認めることによって、参加人は自分の権利利益の保護を図ることにより、充実した審理が可能になるという視点
② 参加制度によって広く参加を認めてしまえば、既存当事者にとっては、その分審理が複雑になって、思い通りの訴訟運営ができなくなる恐れがあるので、このような不利益を避けて既存当事者の訴訟行為の自由を保護する必要があるという視点

の2つの視点で整理するようにしており、様々な学説や判例をこのような視点から評価することで、より理解が深まったように思います。

　　　（イ）　具体的な勉強法

民事訴訟法を勉強するうえでは、様々な原理・原則などが出てきます（弁論主義や処分権主義、既判力など）が、司法試験の対策としては、これらの原理・原則が適用されることでどのように事案が解決されるのかを具体的に勉強するのが重要です。そこで、単に基本書を読むだけではなく、基本的な問題集を解いていくことによって、原理・原則を事案に即して理解するように努めました。

また、判例百選は、判例解説の部分で指摘される問題意識が司法試験で出題されることも多いので、判例百選は解説まで含めてしっかりと読み込むようにしていました。

〔刑　法〕
　ア　問題を解く際に気を付けていた事項
　　（ア）　成立することが明らかな犯罪ほど構成要件をしっかり意識する
　司法試験の刑法の問題では、犯罪自体成立することにあまり問題がないものが何個か含まれることがあります。そのような場合には、確かに全体の分量との関係で、コンパクトな論述にとどめる必要があるのですが、その場合でも、その犯罪の「構成要件（そして、その個別の構成要件についての定義）」をしっかり意識したうえで、論述をする必要があります。例えば、

> 甲は、窃盗目的でV方に立ち入っているから、住居侵入罪が成立する。

というように論述してしまうと、問題文の事実は引用しているものの、その事実があることで住居侵入罪の構成要件がどうして満たされることになるのかが伝わりません。そこで、以下のように論述をするべきです。

> 甲は、V方という「住居」に、V方金庫内の現金を奪う目的で立ち入っており、これはVの意思に反する立ち入りに当たるから、「侵入」に当たる。そして甲には、住居侵入の故意も認められるから、甲には住居侵入罪が成立する。

　すなわち、犯罪が成立するといえるためには、刑法が規定する犯罪の構成要件をすべて満たすことが必要になります。成立することが明らかな犯罪であっても、そのことに変わりはありませんので、答案でも構成要件をしっかり意識し、そのすべてが満たされることを、コンパクトに論述するようにしてください。
　　（イ）　犯罪認定の体系論を意識した論述
　刑法上は、犯罪が成立するための要件について、構成要件・違法性・

責任と分類されており、ある行為が特定の構成要件を満たす場合には、次に違法性阻却事由の有無、責任阻却事由の有無が問題となることになります。刑法の答案を書くときにも、このような構造をしっかり意識し、<u>構成要件→違法性→責任という論述の流れを崩すべきではありません</u>。

例えば、誤想防衛の論点についてみると、正当防衛は「違法性」の問題ですが、誤想防衛は、「責任故意」という非難可能性に関係する故意、つまり「責任」の段階の問題ですので、両者はしっかり区別されなければなりません。すなわち、答案では、まず正当防衛の検討をして、それが認められず、違法性阻却事由がないということを示してから、「責任」の問題としての誤想防衛の論点に入るべきだといえます。正当防衛と誤想防衛の論点をごちゃごちゃにして書いてしまう答案は、よくありません。

このように、<u>犯罪認定の体系論をしっかり意識した答案を書くためには、普段の勉強のときから、「この論点は、構成要件・違法性・責任のどの段階での問題なのか」ということを意識して勉強することが、特に刑法総論の勉強の際には必要となります</u>（刑法各論の論点は、ほとんど「構成要件」の問題なので）。刑法でも、論点の「整理」をしっかりすることが重要です。

　　（ウ）　<u>答案の分量をきちんと考えて論述する</u>

司法試験の刑法の問題は、特に最近の問題では、深く考えさせるような論点の出題はないものの、問題文に多くの論点が含まれ、それらを制限時間内に処理していくことが求められています。これらすべての論点をフルパワーで書こうとしてしまうと、時間内に答案を書ききることができなくなってしまいますので、<u>刑法の問題を解く際は、出てくる論点をどれくらいの分量で書いていくかということを考えて答</u>

案構成を行わなければなりません（同様のことは、最近の刑法の出題趣旨や採点実感でも指摘されています。）。

　私は、論点の論述の分量を考える際には、問題文に上がっている事実の記述の分量を一つの参考にするようにしていました。つまり、問題文に関係する事実が豊富に書いてある論点は、試験委員が分厚いあてはめをしてほしいと考えている論点だと考えられるので、事実を豊富にあげ、分量を割いてしっかりと論述するべきであるといえます。このような論点については、規範定立も理由付けからしっかりと論述し、問題文の事実をできるだけ豊富に挙げること、そして挙げた事実を自分なりに意味付けして評価していくことを意識して、論述するようにしていました。

　イ　特に行っていた勉強法

　刑法は、学問的な学説の対立が激しい学問である反面、司法試験の問題は、学説の対立というよりもむしろ各犯罪の構成要件の意義をしっかりと理解してそれに基づいて問題文の事実を評価していくことが求められる科目であるといえます。つまり、細かい学説をどれだけ勉強しても、それで司法試験の問題が解けるようになるかというとそういうわけでもないと思いますので、インプットにこだわりすぎるのは得策とは言えません。

　そこで私は、基本書などでひととおり基礎固めをした後は、問題集や司法試験の過去問を使って、できるだけ多くの問題に触れ、論点に応じた作問のパターンを押さえつつ、論述の分量を見極めていくトレーニングを行うようにしていました。そして、解説を読んで自分の理解が不足している論点については、基本書に戻って復習をするようにしていました。

〔刑事訴訟法〕
　ア　問題を解く際に気を付けていた事項
　　（ア）　比例原則の「あてはめ」に注意する
　刑事訴訟法の答案では、捜査法に関する部分で、比例原則について論述をする部分が多いですが、これについては特に注意するようにしていました。
　すなわち、「必要性」「緊急性」「相当性」というキーワードの意味をしっかりと理解していないと、問題文に挙がっている事実を全く拾うことができなくなってしまうからです。
　例えば、比例原則にいう「必要性」とは、問題となっている「特定の捜査活動」、つまり、留め置きをする、所持品検査するなど、問題となっているその捜査行為を行う必要があるということを意味しています。したがって、単に「事案が重大」とか「嫌疑がある」というだけでは、確かに解明の必要が高く、一般的に捜査をする必要性が高いとは言えても、その「一般的な捜査の必要」が、「問題となっている捜査行為を行う必要があるのかないのか」に必ずしもつながらないということになるのです。

（例）
　本問では、組織的な詐欺事件の捜査であり、被害者が多数に上る重大事案であるから、事案の真相を究明する必要性が高い（一般的な解明の必要性）。本問では、甲が乙と頻繁に電話をしていたことから、乙が共犯者ではないかという嫌疑が浮上しており、乙を検挙するために必要な証拠を収集する必要性が高い（対象者を捜査する一般的な必要性）。そして、乙はベランダに出て通話を始めたのであるが、甲と乙が頻繁に電話をしていたことから、乙が電話で他の共犯者に連絡を取るのではないかと思料されるところであり、乙の事件への関与を明らかにするためには、

乙の通話を録音して証拠を保全する必要性が高い（当該捜査活動を行う必要性）。かかる必要性に照らし、当該録音は、乙が通話しているわずかの間だけ行われたものに過ぎないし、ベランダという一般的に会話に対するプライバシーの保護の必要性が低い場所における会話の録音にとどまっていることからすれば、相当なものと認められる（相当性）。

つまり、必要性とは、「事案が重大」「嫌疑がある」というだけでは不十分なのです。また、同様に、「緊急性」とは、問題となっている「特定の捜査行為」を、「今すぐ行う必要がある」といえるか否かの問題であるといえます。

（イ）伝聞の問題は、推論過程を丁寧に説明することを心掛ける

司法試験では、伝聞法則に関する出題がされることが多く、しかも、当該証拠から直接証明すべき要証事実を自ら考えることが必要となる問題が出題されることがあります。これは、当該証拠から、検察官の設定した立証趣旨（例えば、当該事案で問題になっている「覚せい剤所持の故意」などの争点）をどのようにすれば推認できるかを考えて、そのような推認の過程を経るとすれば、当該証拠か、直接的にはどのような事実を立証すべきことになるのか（つまり、原供述の「発言の存在（＝非伝聞）」でよいのかそれとも「発言の内容である事実の存在（＝伝聞）」が要証事実となるのか）を「要証事実」として特定すべきことになります。

つまり、伝聞法則に関する問題は、証拠から事実を「推認する」という過程をしっかり説明することがポイントとなります。そこで、私は、このような推認の過程を、自分の言葉でできるだけ丁寧に説明するように心掛けていました。

(例)　平成27年司法試験設問2の伝聞に関する部分
　本件文書については、これによって乙と丙の共謀の存在を立証しようとするものである（最終的な立証命題の確認）。ここで、本件文書に記載された犯行方法と本件犯行の手口が一致しており、また同文書に記載された電話番号はV方の電話番号と一致しているから、本件文書はVに対する本件犯行に関して作成された文書であることが推認される。そして、同文書に記載された電話番号部分の筆跡は乙の筆跡と一致することが確認されており、さらに同文書からは丙の指紋が検出されていることからすると、乙と丙が同文書の作成等に関与していることがうかがわれ、これによって乙と丙が本件犯行について同文書によって意思を連絡させたことが推認される（推認過程の丁寧な説明）。よって、本件文書から直接証明すべき要証事実は、「本件文書が存在すること」それ自体であり、文書記載の内容の真実性は問題とならない（推認過程を踏まえた要証事実の確定）。よって、本件文書は伝聞証拠に当たらない。

イ　特に行っていた勉強法

　刑事訴訟法について、他の科目とは異なって特別なことはしておらず、基本書・判例集・司法試験の過去問等で勉強をしていました。ただ、刑事訴訟法は、捜査・公判・証拠のいずれについても、理論的な部分についてのウエイトが高く、規範定立も理由付けを伴ってしっかりとする必要があります。そして、刑事訴訟法の学説は、判例を整合的に説明するために有益な学説が多いので、基本書や百選などの判例集を勉強する際には、学説が当該判例をどのように評価し、説明しようとしているかという点に着目して読むようにしていました。

　また、捜査法の問題や、伝聞法則に関する問題は、事実をしっかり拾えるようになったり、推認過程をしっかり説明できるようになったりする必要がありますが、そのためには、司法試験の過去問が一番良い練習になります。そこで、司法試験の過去問を解くことが、刑事訴訟法の最も効果的な対策になると思います。

勉強法　司法試験合格までの記録
～自分にあった勉強法を見つけるために～

浅井　翼

学歴・職歴	平成28年　京都大学法科大学院卒、司法修習生
	平成30年　福井地方裁判所判事補
司法試験受験歴	平成27年　予備試験合格
	平成28年　最終合格（順位7位）

1　初学者段階

　ここに初学者の方が今から司法試験の勉強のために法律科目を勉強する際の勉強の仕方を書いていますが、知識の入れ方等の方法として参考にしていただきたいことなので、既に大学や法科大学院等で法律科目の授業を一通り受け終わった方や予備校の入門講座を受け終わった方等の皆さんにも読んでいただけると幸いです。

(1)　基本書の選び方

　基本書の一般的な選び方としては、受験生がよく使っている本を選ぶということが挙げられます。これは結局、試験を受ける際に、「みんなと同じことを書いていれば怖くない」、「同じことを書けるかで勝負が決まる」、「よく使われているのだから、その本をしっかり読めばよい」という考え方になるからだと思います。

　では、どうやって受験生がよく使っている本を選べばよいのでしょうか。

　一番手っ取り早いのは、インターネットで直近の合格者のブログを何個か読むことです。なんといってもブログを読むのは無料です。もしくは、司法試験の受験生向けの雑誌では、受験生がよく使っている

第2章　司法試験上位合格者の勉強法

本の特集をしていることがあるので、それを読む、ないし知り合いの合格者（大学等の先輩、予備校の相談バイトをしている人等）に聞く等が考えられます。

　気をつけてほしいのは、ブログを見たり、何人かの先輩等に聞いたりするにしても、買う前に自分で少し読んでみて、自分に合うか試していただきたいことです。やはり、自分に合うかどうかも大事な点です。

　また、分量も大事な点です。基本書はやはり通読することが大切です。例えば、憲法において、少なくとも人権と統治のうち、人権分野通読など、ある程度大きなテーマで通読できる量であることが大切です。そうすると、あまりに分厚い本はよくないということになります。

　さらに、定義・趣旨・要件・効果・論点の理由付け・論点の問題点等がしっかりと書かれている本がよいでしょう。法律を学ぶにあたっては、しっかりと理解したうえで暗記することがある程度必要ですので、暗記すべき定義等の点が明確に記載されている本を選んでください。

　なお、邪道かもしれませんが、司法試験を目指す以上司法試験委員の方が書かれている本を選ぶのも一つの手かと思います。どの基本書を読んでも答えられるように試験が作られていても、どうしても司法試験委員の方の問題意識が試験に出ることもあると思うからです（司法試験委員の方の情報は、インターネットで検索するか、司法試験直前の司法試験受験生向け雑誌を読めばわかります。）。

　あとは、できるだけ新しい基本書を選んでください。法律は改正しますし、最高裁判例、理論的に議論のある裁判例はどんどん出ますし、最近の基本書は、司法試験受験生に対して教育的な配慮のあるものも多いからです。

　以上、基本書の選び方をまとめると、次のとおりです。

① 受験生がよく使う本を選ぶ
② 通読できる分量
③ 定義・趣旨・要件・効果・理由付け・問題点がはっきりと書いてある本
④ 司法試験委員の方が書かれている本
⑤ 新しめの基本書
⑥ 自分で読んでいて違和感がないか

私は実際に、このような選び方で、基本書を選んでいました。

> **CHECK**　予備校テキストについて
>
> 　司法試験予備校の基幹テキスト（予備校の入門講座のテキスト）は、上記の基本書の選び方の①から⑤の要件を満たしているのでしょうか。
> 　予備校にはある程度の受験生が通っていますし（①）、予備校テキストは受験生のことを考えて、通読できる分量にしてあります（②）。また、定義、趣旨、理由付け、問題点をしっかりと書いています（③）。司法試験の情報を把握して更新しています（④）。新しい法改正等も盛り込んである（⑤）等、上記の①から⑤の要件を満たしています。
> 　実際、私は予備校も利用していました。やはり予備校は、知識をしっかりと入れることについて長けています。受験生を合格させるプロが予備校なので、「そりゃそうだろ」と思われることでしょう。
> 　ただ、これも善し悪しは人それぞれです。もちろん予備校はお金がある程度かかるので、現実的に利用することが難しい方もいると思います。
> 　受験生の中には、基本書がだめ、予備校はだめと、どちらかの批判をする人がいらっしゃいます。このような批判をされている方は、どっちかしかやっていない人がある程度いると思います。
> 　<u>基本書も読み、予備校のテキストでも勉強した、私が思うことは、どちらも利用の仕方次第</u>だということです。
> 　予備校のテキストでわかりにくいところもあれば、一方で、基本書がわかりにくいところもあります。当たり前ですが、良いところも悪いところもそれぞれにあるので、それぞれの長所短所を考えて勉強してください。

第2章　司法試験上位合格者の勉強法

(2)　基本書の読み方・線の引き方

　基本書の読み方等は人それぞれだと思います。ただ一ついえることは、各科目においてどれか1冊は通読してほしいということです（とりわけ自分が苦手だと思うもの。なお、民法については各分野）。

　通読することによって科目の全体像がわかりますし、前半部分にわからなかったところが、後半部分を読めばわかるということもあるので、ぜひやってほしいのです。

　そして、基本書を読む際には、定義・趣旨・要件・効果・論点の問題点・論点の見解の理由付け等を書きながら、読み進めてください。書いてする勉強は、あとから本を読んだときに思い出しやすいですし、書いているときに考えるので、効果的です。ただ、時間がある程度かかってしまうので、読んでいてそこまで詰まらずに読めるという場合には書かなくても良いかと思います。

　線についても、引かない方もいれば、多く引く方もいて、さまざまです。私自身は、初学者のときにわけもわからず引いてしまい、後から読むときにすごくわかりにくい引き方をしてしまい、困ったという経験があります。

　一方で、意味をもって線を引くと、あとで二度目に読むときに、どういう点が大事なのかメリハリがついていてとてもよいので、私としては線を引く方をおすすめします。

　初学者段階では、下記の点について、色ペンやマーカーで色を変えながら線を引くとよいと思います（色は自分が実際に引いていた色です。）。

① 　定義は、黄色のマーカーで塗る
② 　趣旨は、オレンジのマーカーで塗る
③ 　論点の問題点は、緑のペンで下線を引く

④ 論点で判例の見解があるときは、紫のペンで下線を引く
⑤ 論点で通説的見解があるときは、赤のペンで下線を引く
⑥ 論点で反対説があるときは、青のペンで下線を引く

　なお、中級者以上の方が演習本などを解くときには、どちらかというと自分の苦手な部分や基幹としている基本書に載っていないことをその本で学ぶことに意味があるので、なんでもかんでも線を引くのではなくて、苦手とするところや基本書に載っていないところに線を引くのが効果的です。

　間違えたところはとても大切です。人間は思ったより一度間違えたことは何度も何度も間違えます。逆に、わかることは何度やってもわかることがほとんどです。

　つまり、ある程度勉強が進んできたら、自分がわからないことを明らかにして、わからないことを繰り返しやり、穴をなくしていくことが大切なのです。

　ここまで読んでいて、「当たり前のことしか書いていない」、「こんなことはやっています」とおっしゃる方がたくさんいるかと思います。ただ、別に難しいことが司法試験で高得点をとるためのコツではありません。当たり前のことが当たり前にできる基礎・基本が一番大切です。

　実は思っているほど、基礎・基本ができていないのに、自分は基礎・基本段階がちゃんとできていると勘違いしておられる方が多いのではないでしょうか。

　どうか基礎・基本をおろそかにしないでください。

　(3)　暗記の方法

　上記でも少し触れていますが、私は暗記の方法としては、書いて覚えるというのが一番だと思います。

　定義・趣旨・要件・効果・論点の問題点・論点の規範・あてはめの

考慮要素・論点の理由付け等について自分がわかっていないところ、また、特に強調されていて大切なところについては、書いてみてください。書きながら覚えようとすると、ゆっくりその言葉の意味等について考える時間もできますし、なんといっても手を動かして覚えると、必要なときに思い出しやすいのです。

　ただ、もちろん人それぞれなので、何度も読んでいって覚える方もいれば、はたまた一度読めばわかる方もいます。今悩んでいる方には、書いて覚えることをぜひ参考にしてください。

　勘違いしていただきたくないのは、別に覚えるために基本書とかのサブノートを作ってほしいというわけではありません。書いて覚えるというのは単純にルーズリーフやノートにそのまま書いて覚えるということです。

(4)　薄めの本を読む

　1つの科目を全体的に一通り勉強できたと思った際には、次には、薄めの科目全体を書かれた基本書等を一度通読してみるのが理解できていないところが分かったり、通読することによって他の分野との関係性が分かったりするので、よいかと思います。また関係性が分かることでより理解でき暗記しやすくなるので、一通り科目全体を一応勉強したと思えたら（大学や予備校等でその科目の授業を受け終わった等の状態）になったら、1冊薄めの全体的に書かれている本をぜひ読んでください。1回目の勉強をしたときにはよくわからなかったものがわかったりすることができるようになるものかと思います。

　司法試験後に改正民法を勉強するために、全体がまとまって書いてある本（潮見佳男教授『民法（全）』（有斐閣、2017））を1頁からずっと読んでいった際に、あやふやなところについて理解できたりしたので、とてもよいと思いました。

2 論文問題で高得点を取るためには（総論）

(1) 総　論

論文問題において大事なことは、

> ① 受験生ならだれもが分かっておくべき基礎・基本と呼ばれている知識
> ② 問題文をしっかり読んで何が問われているかを理解すること
> ③ 意味の分かる分かりやすい日本語で文章を書くこと、つまり問われていることを分かりやすい日本語で書くこと

の3点です。

特に①（基礎・基本知識）はとても大切です。基礎・基本というものは、自分が想像している以上に、身についていないものです。

わかっているようでも、ほかの人と話してみたり、論文の問題を解こうとしたりすると、規範の意味や理由やあてはめする際の評価等わかっていないことがよくわかります。決して基礎・基本がわかっていると簡単に思わずに、基礎・基本が大切であることを常に意識しながら勉強してみてください。何度も同じことをやっているとどうしても、こんなことをしていて意味があるのかなとか思ってしまいますが、そこで踏ん張ることが予備試験や司法試験の合格ひいては上位合格につながっていると思って頑張ってください。

司法試験で高得点を取り、上位合格をするためには、応用的なことをたくさんわかっていないといけないと思っている方がよくいらっしゃいますが、決してそんなことはありません。司法試験はあくまで相対的に受験生の中で多く点数を取ればいいので、典型的な受験生であれば誰でも一度は見たこと聞いたことがあるような論点について正確な知識で書いてあてはめをすれば高得点が取れます。勉強途上の方の答案や不合格者の方の答案を見ていて思うことは、まず基本的な知識

第2章　司法試験上位合格者の勉強法

がわかっていなかったり、自分の書いた規範とは別の規範があてはめの段階で出てきたりと、正確な基礎知識の理解や自分が書いた文章が日本語としておかしいことに気が付いていないような答案が多いです。あくまで典型的な論点の規範を書いてあてはめでも同じ規範にしっかりとあてはめるという当たり前のことをすればいいのです。

　また、①の基礎的な知識に関連してですが、論文の問題で論点について規範を書くときには、できるだけ判例の見解（ないし学説の多数説が判例の見解だとしている立場）を答案に表現した方がいいと思います。判例の見解がない場合には通説ないし多数説の立場で答案を書いた方がいいと思います。なぜなら、受験生の多くの方が共通して理解しておくことが必要だと思っているのがこれらの立場であり、試験委員の方や採点委員の方が共通して理解し受験生に最低限理解することを求めている立場がこれらの立場だからです。相対的な試験であることを考えると、受験生の多くが知っているないし知っておくべきことについてしっかりと答案で表現できることが大切です。差をつけられないためには、このような立場で書くことがいいと思います（もちろん、判例の見解や通説や多数説を理解したうえで、それらの反対説で書いても問題ないですし、学習段階では、判例の見解や通説や多数説をよりよく理解するためには、反対説の立場で事例をあてはめたらどういう結論になるのかや結論が異なるのはどういう理由があるのか等を理解することは大切だと思います。)。

　司法試験や予備試験では、あくまで相対的な試験で基礎・基本についてわかりやすい日本語で書けばそれだけで高得点につながり、上位に行きます。ただ、基礎・基本がわかっていない方が多いのです。実は受験生ならだれでもわかっておくべきことをわかっている受験生はあまりいないのです。

　また、②（何が問われているかを理解）については、当たり前です

が、試験問題である以上は、試験問題の作問者が聞きたいことがあります。いわゆる出題の趣旨と呼ばれるものです。

このような出題の意図は、問題文や設問に何が聞きたいか書かれています。もちろん、作問者によってはこれがわかりにくいことはあったり、想定外の正解があったりするので、なかなかこれを読み解くのは大変なことですが、まずは、その意味で②がわかるようになることもとても大切なことです。

また、③（分かりやすい日本語で書くこと）もとても大切です。人は思ったよりわかりにくい文章を書いています。自分自身で書いているときには自分がある程度わかりやすい文章を書いていると思うのですが、自分自身であらためて読んでみたり、人に読んでもらったりすると、文章がつながっていなかったりすることが往々にあります。ぜひ一度論文問題を解いたときにその文章を人に見てもらうこともしてみてください。

私は、普段の答案を書く際に、常に①から③の点について気を付けながら書いていました。実際にこれができているときには、その答案の成績はよかったです。

以下では、①から③について具体例を出しながら説明していきます。

(2) 具体例〜刑事訴訟法の強制処分の問題〜

|事　例| 警察官Kは、オレオレ詐欺グループが拠点に使っていると疑われているマンションの1室に誰が出入りしているかを調べるために、そのマンションの1室の出入口から人が出てくるたびに向かいのビルの1室から写真撮影した。

|問題文⑦| この警察官の行為は適法か

|問題文⑦| この撮影された写真の証拠能力はどうか

第2章　司法試験上位合格者の勉強法　　　　　　　　　　85

|解 答 例|　問題文⑦の場合

1. 警察官Kの行為は、警察官が人や物の形状を観察している行為なので、強制処分であれば、検証にあたる。とすれば、警察官Kの行為がもし検証にあたれば、強制処分であり、令状が必要となる。警察官Kは、検証令状をとっていない。したがって、令状なき検証として違法となるか。強制処分の意義が問題となる。
2. 刑訴法上の強制処分の規定は、要件手続が厳格なものとなっており、強制処分は原則として憲法の令状主義の支配を受けるものである。したがって、およそ何らかの権利や利益の制約があれば強制処分というわけではなく、法定の厳格な要件・手続によって保護の必要のあるほど重要な権利・利益に対する実質的な制約を伴う場合に強制処分というべきである。
　　以上より、刑訴法197条1項ただし書「強制の処分」とは、相手方の明示又は黙示の意思に反して、重要な権利・利益に対する実質的な制約を伴う処分であると解すべきである。
3. 本件において、マンションの1室の中の内部を撮影したものではなくて、入り口という外部から見える状態になったときに撮影しているものなので、居室内部の高度なプライバシーの利益の侵害ではなく、公の場所で見られることが受忍しなければならないようなプライバシーの利益の侵害でしかないので、重要な権利利益の実質的な制約ではなく、「強制の処分」にあたらない。
4. とはいえ、何らかの法益を侵害しているのであり、比例原則の観点から制約を受ける（刑訴法197条1項本文）。したがって、必要性、緊急性を考慮したうえで、具体的状況の下で相当とされる限度を超えていないかどうかを判断する。
5. 本件においてこれをみるに、確かに、ある程度プライバシーの侵害はあるが、しかし、オレオレ詐欺は組織的なものであり、継続的に発生するため、事案としても重大であり、どういう人物が入ってくるかを確認しなければならないので、写真撮影という捜査をする必要性が高い。以上より、警察官Kの行為は、具体的状況の下で相当な行為である。
6. 以上より、警察官Kの行為は適法である。

第2章　司法試験上位合格者の勉強法

|解　答　例|　問題文⑦の場合

1．警察官Kの写真撮影行為が違法であれば、その違法な捜査行為によって収集された証拠の証拠能力が否定されないか、違法収集証拠排除法則の可否が問題となる。
2．刑訴法1条の目的からすると、事案の真相を明らかにするという目的すなわち犯人必罰の見地からは、違法な捜査から得られた証拠といっても証拠採用すべきとなる。しかし、一方で刑訴法1条は、基本的人権の保障を目的としており、将来の違法捜査抑止の見地からは、違法な捜査から得られた証拠の証拠能力を否定することで、違法捜査抑止ひいては人権保障につなげるべきである。
　　そう考えると、違法な手続によって得られた証拠の証拠能力を否定すべきであるが、証拠能力を否定される場合は、令状主義の精神を没却するような重大な違法があり、これを証拠として許容することが、将来における違法捜査抑止の見地から相当でないと認められる場合に限るべきである。
3．それでは、捜査行為は適法か
　　　（……以下は問題文⑦と同じことを書いて）
○．以上より、違法な捜査ではなく、写真は、証拠能力がある。

（なお、上記の解答例は私ならこのように書くというものですので、書き方の順序等は人によって異なる場合もあると思います。）

|説　　明|　上記の具体例を踏まえて
　　ア　令状がないから違法なのか、強制処分の規定がないから強制処分法定主義違反なのか、どちらの場合にはどういう風な書き方になるのか（司法試験採点実感で受験生として正確な理解ができないといけなくなったこと）（①（基礎・基本知識）に関連）
　当該問題の警察官が行った行為が、現行刑事訴訟法の規定にある強制処分のどれかにあたるのであれば、強制処分法定主義違反にはならないのですが、令状請求をしていないので、令状主義違反になります。

第2章　司法試験上位合格者の勉強法

　一方で、現行刑事訴訟法の規定にある強制処分のどれにも当たらない場合には、令状主義以前に、強制処分として刑事訴訟法に法定されていないので、強制処分法定主義違反になるというものです。

　この違いは普通に勉強していてなかなか難しいところだと思います。私も、勉強している際にはしっかりとわかっていませんでした。

　実際これは、平成27年の司法試験の刑事訴訟法の問題で強制処分法定主義違反と書かせる問題が出題されたことで、受験生がこの部分が分かっていなかったことが明らかになり、同年の採点実感で以下のように指摘されています（「平成27年司法試験採点実感等に関する意見」（法務省））。

　「強制処分である場合、強制処分法定主義（刑訴法第197条第1項ただし書）からは、【捜査②】のような捜査手段を直接定めた明文規定は存在しないことから、法定の根拠規定を欠くため違法となるのではないかが問題となる。そして、法定の根拠規定の有無に関して、【捜査②】が強制処分たる『検証』に当たるといえるかを検討し、『検証』に当たらないとすれば、根拠規定を欠くため違法となり、「検証」に当たるとすれば、本件では令状（検証許可状）を得ることなく行ったため違法になるとの結論が導かれることとなる。しかし、そのような検討を行った答案は限られており、単純に『令状なく行っているから違法』としたり、『強制処分だから違法』とするような答案が多く見受けられた」

　このように、判断枠組みが司法試験の採点実感で示された場合には、その次の年以降の司法試験の問題で同じことが出た場合には、受験生は司法試験の対策として、過去問研究を行うので、自分の受ける年までの出題趣旨や採点実感で出たところは、間違えがないように理解しておく方が増えるので、差がつきます。

　<u>司法試験の出題趣旨や採点実感で何が聞かれたのか、それはどういう分野のどういう論点で出たのかは、よく問題を読んでから出題趣旨</u>

や採点実感を読むことで、大事なポイントをつかむことができます。

とりわけ、新司法試験が既に10年以上経過しているので、以前に出た論点等が繰り返しており、出題趣旨や採点実感をよく読んで理解して、生かせるようにしておくことが大切です。

> **CHECK**　過去問研究の仕方も様々
>
> 過去問研究の仕方は、受験生によっては異なります。
>
> まず、何年分の過去問を解くかによっても、まだ新司法試験が始まってから10年ほどなので、7科目と選択科目の全年分を解く受験生もいれば、問題の傾向が変わっているので、最新5年分、最新3年分だけを解くという人まで様々な方がいます。
>
> 次に、過去問を「解く」と言っても、制限時間を気にせずに、基本書等を見て答案を書く方もいれば、試験時間どおりに時間を計って何も見ずに答案を書いたりする人もいます。
>
> 答案を書いた後、更に自主ゼミ等を開いて受験生同士で勉強会をする方もいれば、自分で法務省が発表している出題趣旨や採点実感を分析して、答案で自分ができていない部分を考えて勉強していく人もいます。
>
> また、あまり過去問研究をせずに、予備校等で予想問題の答練を受講する（予備校の答練は司法試験を分析して次に出題されるものを予想しているので、あまり過去問研究をしなくてもいい）という方もいると思います。
>
> 私としては、一部の過去問は基本書等を見ずに、時間を計って解いていたのですが、なかなか難しく正直試験時間2時間の1時間ほどでどうしようもなく思考停止してしまうことが多かったです。また、試験までに時間がなかったので、30分程度の時間をかけて、問題文を読んで、どのようなことが聞かれているかあてはめについて少し考えたうえで、当該問題の予備校の司法試験の過去問分析講座を受講し、その解説を聞いて、出題趣旨や採点実感を理解していました。その後、自分がわかっていなかった分野については基本書を読むということをしていました。

> 　基本的に10年分の中で9年分くらいは、そのようにして問題文や出題趣旨、採点実感を理解し、予備校の作成した模範解答を読んで勉強していました。
> 　<u>正直時間があるならば、過去の問題を解いた方が、自分の間違いや問題の読むスピードや答案を何枚程度書けるかがよくわかりますし、自分で考えたうえで苦手だと認識したほうが、後々分かっていない分野を理解したり暗記するときに、理解しやすかったり暗記しやすかったりするので、よいかと思います。</u>
> 　<u>ただ、時間がないなら、答案を作成せずに、問題や出題趣旨、採点実感を分析するだけでも効果はあると思います。</u>
> 　<u>大切なのは、過去に出題趣旨や採点実感で指摘されている間違いをしないことが他の受験生に差をつけられたりしないために必要だと思います。</u>
> 　最低限全部の年の出題趣旨や採点実感を読むことは必要かと思いますので、たとえ、最新3年等の分しか答案を作成しない場合でもそれ以外の出題趣旨や採点実感は読んでおくほうがいいかと思います。
> 　なぜなら、既に一度新司法試験で出た論点が繰り返しているからです。

　　イ　「重要な権利利益」の「重要」とはどういう場合か（①（基礎・基本知識）に関連）

　この強制処分の有力学説は、合格者なら誰でも知っていると思われる学説です。

　この学説は、強制処分の判例のリーディングケースと言われている最高裁昭和51年3月16日決定（刑集30巻2号187頁）の「個人の意思を制圧し、身体、住居、財産等に制約を加えて強制的に捜査目的を実現する行為など、特別の根拠規定がなければ許容することが相当でない手段」という定義の「個人の意思を制圧し」を、合理的に推認される当事者の意思ないし黙示の意思に反する場合も含むとしつつ、「身体、住居、財産等」という部分について、重要な権利利益の実質的制約という意味であると解している見解です。

ここで強制処分の中核となるのは、重要な権利利益の実質的制約があるかどうかという部分です。ではどういう場合に「重要な権利利益の実質的制約」にあたり、それをどう説明できるのか（どうあてはめするのか）が司法試験や予備試験等の各種試験で問題となります。
　まずは、<u>判例をしっかりと理解していること</u>が求められます。
　<u>「重要な権利利益の実質的制約」が前掲最高裁昭和51年決定の定義の「身体、住居、財産等」に該当するのであれば、他の判例がこの部分についてどう考えているかが</u>重要です。
　近時の重要な最高裁判例である最高裁平成29年3月15日判決（刑集71巻3号13頁）では、強制処分の定義について「個人の意思を制圧して憲法の保障する重要な法的利益を侵害するものとして、刑訴法上、特別の根拠規定がなければ許容されない」ものを強制処分としています。
　ということは、前掲最高裁昭和51年決定の定義の「身体、住居、財産等」については、「憲法の保障する重要な法的利益」を最低でも意味することがわかります。
　そして、この最高裁平成29年判決は、ＧＰＳを用いた捜査がなぜ強制処分にあたるのかをあてはめています。これは皆さんが各自で確認してもらいたいと思います。
　このように「重要」という意味についてもどういう観点から重要なものなのかをしっかりと理解していないとあてはめることができません。加えて、意味がわかっていても具体的なあてはめがわかっていないと困ります。その際には、他の強制処分該当性を判断した最高裁判例や先ほどの強制処分の定義の学説が具体的な事例をどうあてはめているかを基本書等で勉強していくことが必要です。
　ここまですれば、基礎的な知識について正確な理解があるといえると思います。
　つまり、<u>司法試験でしっかりと得点していくためには、①基本的な</u>

定義を覚えて、②その基本的な定義の意味を理解し、③その具体的なあてはめ方を判例や基本書等で勉強していくというものです。

このような勉強を繰り返ししていくことが大切です。

ただ、「こんな勉強をすべての分野でしていたら大変だ」という声がすぐに聞こえてきそうです。私も司法試験を受験する際にこんなことをすべての分野でできていません。あくまで司法試験に出るような分野、重要な分野についてこういう勉強をしてほしいということです。

そして、どこが重要な分野なのかというとそれは、司法試験や予備試験等に過去に何度も出た分野や基本書でしっかりと書かれている分野です。

例えば先ほどの刑事訴訟法の強制処分該当性の問題は、何度も司法試験等で聞かれています。

したがって、論文の勉強として、過去問の研究をすることは一通り勉強ができたうえで、どの分野を重点的に勉強すべきかの指針になると思いますので、一通り勉強できたら過去問研究をしてみてください。

また、初学者の方が科目を勉強する際にも、合格者のブログや司法試験受験情報誌等で司法試験の頻出分野を知って基本書や予備校の授業を受けたりすることで、常に最終目標である司法試験等を意識しながらメリハリをつけて勉強することができますので、是非とも意識してみてください。

また、ここで大事なのは、このような勉強は、何もたくさんの本を読む、難しい論文を読む必要があることではありません。学生がよく使っている基本書や予備校の本や判例百選を読めば理解していけることです。このような正確な知識を得るために、手を広げる必要はありません。とはいえ、正確な知識の正確な理解のために腑に落ちる必要があるので、腑に落ちるために、最高裁判例の調査官解説や法律学の争点シリーズの自分の気になるところ等を読んでみたりすることはい

いことだと思います。ただ、腑に落ちているのに更に深い勉強をするというのは、少なくとも司法試験のよい得点を取るということに限って考えてみると必要はないことだと思います。

このような規範の意味を理解し、具体例についてあてはめを説明できるような受験生は思ったよりもかなり少ないので、しっかりとコツコツやれば、高得点を取ることができます。

　ウ　人権保障の見地と実体的真実発見の見地の調和？（①（基礎・基本知識）に関連）

強制処分の定義を導きだす際に、理由として結局は「人権保障の見地と実体的真実発見の見地の調和」である。この理由から先ほどの「相手方の意思に反して、その重要な権利利益を実質的に制約する処分」という定義が導かれるという論じ方がされる場合があります。

確かに、刑事訴訟法1条の目的が「人権保障の見地と実体的真実発見の見地の調和」なのだから、目的に従ってその法律の条文（ここでは刑事訴訟法197条1項ただし書）を解釈するというのはある意味では正しいことです。しかし、このように目的だけを引っ張ってだからこの定義が出てくるということをしていると、他の条文の解釈等をするときにも、すべて刑事訴訟法1条の目的である「人権保障の見地と実体的真実発見の見地の調和」という理由になってしまい、まるで考えていないことが明らかになってしまいます。

したがって、基本的に目的規定に書いてあるような抽象的な言葉「○○と△△の調和」といったことでは理由を書いたことにならないので注意してください（民法では「動的安全と静的安全の調和」といった理由付けが書かれているものがあります。）。

なので、前記 解答例 問題文㋐の場合の

「刑訴法上の強制処分の規定は、要件手続が厳格なものとなってお

り、強制処分は原則として憲法の令状主義の支配を受けるものである。したがって、およそ何らかの権利や利益の制約があれば強制処分というわけではなく、法定の厳格な要件・手続によって保護の必要のあるほど重要な権利・利益に対する実質的な制約を伴う場合に強制処分というべきである。」
のような意味のある理由付けを覚えるようにしてみてください。

　なお、平成27年の司法試験の採点実感では刑事訴訟法197条1項ただし書の強制処分の意義について説明がある部分で「『真実発見と人権保障の調和』というような極めて抽象的な理由を示すにとどまるものが目立った」と書かれています（「平成27年司法試験採点実感等に関する意見」（法務省））。試験委員としてもこのような理由付けでは理由を説明したとはいえないと考えていると思われます。

　ただ、これには、次のような例外があります。
① 　例えば、刑事訴訟法でも、違法収集証拠排除法則の規範を導く際には、最高裁判例（最高裁昭和53年9月7日判決（刑集32巻6号1672頁））は、刑事訴訟法1条を踏まえながら違法収集証拠排除法則の規範を導いているので、この規範を導く際には答案でも刑事訴訟法1条を書くことが必要です。
② 　司法試験等の行政法の問題では、見たことがない条文の解釈が求められますので、見たことがない条文の解釈をする際にはその法律の1条の目的規定を参照して解釈するという姿勢は大切です（これは一部の司法試験の憲法の問題でも見られます。）。

　以上のように私は実際に、規範の理由付けを答案でどう書くかを考えた時には、できるだけ具体的な理由付けをするように心がけ、適切な理由付けを見つけた際には、その部分に線を引いて「これを暗記する」などと書いたりしていました。

　また、一部では、いまだに司法試験ではあてはめが大事だから、規

範の理由付けは重要ではないという意見があります。もちろんあてはめも大事なので、長々と規範の理由付けを書く必要はありませんが、コンパクトに理由付け（ある規範を導く際には、何個か理由付けがある場合にはその中の核心的な理由付け）を書く必要があります。

先ほどの平成27年の司法試験の刑事訴訟法の採点実感でも「また、強制処分のメルクマールとして、『権利・利益の制約』に着目するとすればそれはなぜか、なぜ『重要な』権利・利益に限られるのか、なぜ『身体、住居、財産等』という判例の文言を『重要な権利・利益』と等置できるのか等の点について、十分な理由付けに欠ける答案が少なくなかった」とされています（「平成27年司法試験採点実感等に関する意見」（法務省））。

規範の理由付けをしっかりと理解して暗記し、答案で表現するというのはとても大切です。普段の勉強から意識して、基本書や予備校のテキスト等を勉強していってください。もちろんその際の理由付けは、先ほどから述べていますように、「○○と△△の調和」のようにどんな規範の理由付けにもなるような抽象的な理由付けではなくて、具体的な当該規範を導き出す具体的な理由付けです。

　　エ　自分の書いた規範をあてはめていない日本語として問題のある答案とは（③（分かりやすい日本語で書くこと）に関連）

例えば、前記の 事　例 のような問題で強制処分の定義については、判例（前掲最高裁昭和51年決定）の規範である「個人の意思を制圧し、身体、住居、財産等」を制約する処分と規範を答案に書いておきながら、あてはめの段階では、「個人の意思を制圧し、身体、住居、財産等」を制約する処分にあてはめをするのではなくて、「以上のように、相手方の意思に反して、重要な権利利益を制約する処分にあたるので、強制処分にあたり、令状がないから違法である」などという風にして、規範で書いたはずの「個人の意思を制圧し、身体、住居、財

産等」を制約する処分にあたるから強制処分にあたる等と説明をしないような答案があります。

確かに、学説の一般的な理解によれば、判例の定義と上記の学説の定義は一緒と考えられていますが、その説明がありません。

単純に刑事訴訟法を勉強していない方に答案を見せた時に、規範と違うことをあてはめているように見えます。

このような答案は結局自分が何の規範を立てたのかわかっていない、日本語が分かっていない答案として読んでいる方としては、意味がわかっていないのではないかと思います。

あくまで規範を「個人の意思を制圧し、身体、住居、財産等」を制約する処分とした以上は、あてはめでも「個人の意思を制圧し、身体、住居、財産等」を制約する処分というようにあてはめをしてみてください。

<u>日本語として意味が分かる文章にするための第一歩としては、自分の答案が日本語としてつながっていること、すなわち同じ言葉で説明していることです。</u>このことは必ず意識してみてください。

答案を添削していると、自分が書いた規範と違う規範にあてはめている答案はすごく悪目立ちしますし、基本的にこの受験生はこの規範の意味がわかっていないと思われると思います。

　　オ　同じ事例を前提としていても、書くことが聞き方によって異なるという当たり前のことの確認の重要性（命取りの危険性）
　　　（②（何が問われているかを理解）に関連）

具体例でみたように、同じ事例でも前記の 問題文⑦ や 問題文⑦ のように何が聞かれているかによって書くことが変わっていきます。

しっかりと問題文を読むことが求められています。問題文を読まずに、事例だけを読んで、勝手に決めつけて答えを書いても全然違うことが聞かれている可能性もありますので、まずもって司法試験で高得

点を取ることを考える前提で、問題文をよく読むことが大切です。

受験生の答案を添削していると、実際に、本当に問題文をしっかりと読んだうえで答えを書いているか疑わしい答案もあります。

<u>思ったよりも問題文をよく読めていない方が多いと思いますので、問題を解く際には、必ず、問題文を一通り読むという癖を常日ごろからつけるようにしておいてください。</u>司法試験や予備試験等の各種試験ではどうしても緊張してしまって普段よりもできないことが多いので、普段から気を付けないとより一層できないです。普段からしっかりと問題文を読んでください。

しっかり読んでおかないとやってはいけないことをしてしまう例としては、問題文で「……という点は書かなくてもいい」と書かれているのに書いてしまう答案があります。採点上もしかしたら、書いていても減点されないかもしれませんが、減点されないとしても、限られた試験時間中に、限られた答案の枚数の中で無駄な時間無駄な答案を生み出すことになり、よほど時間に余裕があり、答案に余裕がある方でないと人よりも重要な部分を考える時間や重要な部分を書く答案の部分が少なくなってしまい相対的に点数が低くなるので注意が必要です。

平成26年の司法試験の憲法で〔設問1〕では、「なお、法人の人権及び道路運送法と本条例との関係については、論じなくてよい」という指定がありました（「平成26年司法試験問題《論文式試験》公法系科目」第1問（法務省））。

このように書いてあるにもかかわらず、同年の採点実感では「同様の観点であるが、本年の問題では、『法人の人権……については、論じなくてよい』、『道路運送法と本条例の関係については、論じなくてよい』と記載されており、それにもかかわらずこれらを論じている答案は、厳しい評価となった。」と指摘されています（「平成26年の司法試験採点実感等に関する意見」（法務省））。

(3) 本番と同じ問題形式の初見の問題をたくさん書くことの大切さ

　実際に解くことの大切さは、まず、問題文の読み方が科目ごとに異なるので、その読み方ないし解き方に慣れるために、解く必要があります。後で科目ごとに述べますが、例えば、民事訴訟法では、問題文が弁護士と司法修習生の会話等になっているなど特徴的で読むべきポイントがありますので、慣れていないとどう読めばいいかもわからないと思います。つまり、単に論点の勉強だけをしていても解けないと思います。

　次に、科目ごとに一定の点数を取るために書くべき問題枚数が違いますので、その枚数に慣れるために解く必要があります。これについては、科目ごとに後に述べますが、例えば、刑事系は7枚から8枚書く必要があるのに対して、他の民事系や公法系は、4枚から5枚くらいでも十分点数の高い答案が書けると思います。

　さらに、書くべき枚数によって自分がその枚数を書くのにどれくらいの時間がかかるかが実際に問題を解くとわかるので、その時間で答案構成をできる時間が決まります。どの科目でどのくらいの時間を答案構成に使えるかをしっかりと分かっていないと、試験本番で途中答案をしてしまうリスクがありますので、自分が科目ごとにどのくらい答案構成をできるのかを把握する必要があるためです。とりわけ途中答案は、相対的に順位が下がるので問題です。法科大学院等で実務家の先生の授業を受講している際に、実務に出てからは期限が決まった仕事をしていくので、時間内に一定の成果物を出すことが大切であるから、試験においても途中答案は低い評価を受けると話しておられました。

　また、考えてみると、項目ごとに配点があって、例えば、ある科目で4つの項目があるときに、4つの項目について一定程度書いた人に3

つの項目しか書けなかった人が点数で上回ることは考えにくいです。なぜなら、試験本番中に本当の意味での試験委員が採点する際の項目ごとの配点はわかりませんし、そもそも1つの項目について満点がつくことは考えにくいからです。なので、途中答案は危険です。途中答案を防止するためには、しっかりと科目ごとの時間配分と自分が書ける答案の枚数をしっかりと把握することが大切です。

これらのことから、本番と同じ問題形式のそれも記憶で解かないために初見の問題をできるだけたくさん実際に読んで、答案構成と答案作成を時間配分に気を付けながら解くことは大切だと思います。

私は、「初見」の問題を解くということを徹底するために、予備校の答練を利用していました。

どうしても過去問については、法科大学院の授業や友人と勉強会をしているときや予備校の授業を受けている等の際に、どんな問題が出たかをとりわけ形式が似ている近年の問題になればなるほど聞いていたりしています。そうするとどこか記憶で解いてしまっているところがあって、練習になりにくい可能性があります。

そのため、時間配分を考えながら時間を本番と同じように計って解くときには、予備校の答練を受けるようにしていました。

ただ、そんなに細かく聞いていたりするわけでもないと思うので、十分近年の問題を解くことで対処はできると思います。

もちろん予備校の答練を利用するにしても過去問について少なくとも問題文の読み方の練習をして答案構成をして上記で述べたような、出題趣旨や採点実感を利用した過去問対策をすることは必要です。

3　短答の勉強法

(1)　実際に私がした勉強法

私は、短答の勉強については、あまり司法試験直前まで本格的に取

り組んでおらず、やっていたことといえば、受験情報誌等での短答試験でしかあまり出ない細かい知識をまとめたものを読むということだけでした。

　その代わり、試験（5月）直前の3月から4月の間の1か月ほどは、短答式試験の過去問（憲法、民法、刑法の3科目の今までの新司法試験の問題）を体系別で解き、間違えた選択肢については、問題を解きなおすのではなくて、何回もその選択肢と条文を読むという作業をしていました。

　<u>自分で短答の問題を解いていて思ったのは、間違えた問題を解き直しても同じ問題を間違えてしまい、問題を解き直す時間を考えたら、問題を解き直す時間が無駄になるので、一定程度短答の問題を解いてきた場合には、間違えた問題の選択肢だけにチェックしておいて、その選択肢を何度も見返して勉強したり、苦手分野が分かると思うのでそこの部分の知識をしっかりと復習することがいいのではないかと思い、上記のように問題を解き直すというよりは、間違えた選択肢の知識を何度も読んで理解しようと努めました。</u>

　また、なぜ直前期まで短答式試験の過去問を解かなかったかというと、正直いうとあまり短答式試験の勉強が好きではなかったというのもあります。後は、結局知識だけ理解しておけばいい部分もあったので、直前に一気にやることで、試験本番で忘れないで済むかなと思ったからです。

　実際に短答式試験の勉強をした時間の割には、点数を取れたと思います。

　ただ、気をつけていただきたいのは、私の勉強方法は、ある程度この試験直前期に、論文の勉強をしっかりとしておいて、本試験1週間前に論文については、これを見直せばよいというのが自分の中でできている状態である必要があると思います。

このように私の勉強は特殊ではありますが、やっていてよいと思ったのは、間違えた選択肢についてマークをつけておいてその知識を繰り返し勉強して理解するというものだと思います。

　実際、民法だけは2回問題を一部解いたのですが、結局2周目も1周目でわかっていた選択肢は間違えませんでしたし、1周目で間違えた選択肢は普通に間違えました。そう考えると、選択肢が全てわかっている問題を解き直すことはあまり意味がなく、選択肢が一部ないし全てわかっていない問題は、再び一部ないし全部間違えるということになりがちだということでした。

　解き直しというよりは、間違えた選択肢の解説を徹底的に理解していくことが大切だと思います。また解説を読む際には、自分で条文をひいて読んでみるのがよいと思います。記憶する際に、解説を読む以外に条文の意味を考えながら読むと記憶しやすいと思うからです。

> **CHECK**　　条文をしっかりと読むことの重要性
>
> 　私は、受験生の頃条文を読んでもしっかりと意味を理解するよりも、単に読んでいるだけでした。
> 　しかし、司法試験後にゆっくり勉強する際や司法修習を過ごしている際には、条文を読んでみると、例えば、民法ではある効果を発生するためには、ある要件を満たす必要があるという思考で条文が作られていて、特に民法555条を読んでみると、このような思考が表れていることがわかります。
> 　このように理解すると、司法試験の民法や司法試験予備試験の法律実務基礎科目の民事で必要となる要件事実を考えるときにも、要件事実は暗記するのではなくて、まずは条文を読んでみようという意識ができます。

　また、当たり前のことかもしれませんが、前提として、たまたま正解の選択肢を選べたかどうかで過去問を解いたということにはならないと思います。すべての選択肢について、意味がわかった状態になる

必要があると思いますので、選択肢があっていたかどうかで間違えたかどうかを判断してください。

(2) 体系別の過去問集か肢別の問題集か

短答式試験対策の問題集としては、試験の過去問（予備試験と司法試験）を基本書等の目次のように、例えば民法なら総則、物権、債権総論…のように整理して並んでいる体系別の問題集と、過去問等から選択肢だけを取り出して○×式で並んでいる肢別の問題集があります。

私は、体系別の問題集を使っていました。理由としては、試験の過去問の形式で解かないと実際試験会場で解くときになれていないと困ると思ったからです。また、体系別だとよく出てくる選択肢が何回も出てくるので、解くことでどの問題が頻出かも実感できますし、何度も出てくるので記憶に定着します。思ったよりよく出てくる選択肢があるので、問題集の分厚さの割には覚えることが多くないと思えるからです。

ただ、過去問の形式でも、上記に書きましたように、選択肢ごとに徹底的に理解することが大切だと思います。

周りの合格者の中には、肢別の問題集だけを解いて合格した方もいますし、両方している方もいました。また、年ごとに時間を計って解いていた方もいると思います。

最終的には好みだと思うので、自分の好きな問題集で解いてください。どちらにしても模擬試験や1年分くらいの過去問もしくは司法試験前に予備試験を受験することで、短い時間で解くという感覚は身に着けることも大切だと思います。

ただ、大学受験のセンター試験等のように何度も時間を計って短答式については解く必要がないかなと思います。

結局、選択肢をしっかりと理解できていれば、そこまで解く時間が

変わるというものではないと思うからです。

　実際、私は、時間を計って解いたのは、予備校の模試と司法試験前の予備試験の短答式試験のときだけで、最終合格までに予備試験を受験していたときには短答式試験の勉強をほぼせずに受けていたために、あまり感覚をつかむのに役に立っていません。

　予備校の模試は短答式模試が3回、本試験の同じ時間で解く直前の模試の短答式の問題1回の合計4回やりましたが、実際に勉強して解いたのは、短答式模試1回分くらいなので、そんなに多くしなくてもいいなと感じました。

　少し脱線しますが、予備校の模擬試験を受験した以上は、かならず復習すべきだと思います。今まで過去問で出ていないが、次に出題されそうな最新の重要な最高裁判例の選択肢で出題しているので、そういう問題や過去問で出た問題もありますし、細かい選択肢についても出ないとは限らないので、間違えた以上は、しっかりと復習すべきです。

　復習しても間違えた問題については忘れがちなので、私は、間違えた問題についての解説冊子をファイルにまとめておいて司法試験直前（短答式試験の1週間前と前日）に見ておきました。

　実際私が受けた平成28年の司法試験で、過去問には出ていないが模試で出題された最高裁判例の選択肢があったので、点数に結びつきました。

　また、模試等を受けない場合でも、過去問を解いてなお余裕がある方は、最新の判例六法で判例を確認する方法や重判（有斐閣から出ている「平成〇〇年度　重要判例解説」）等で確認しておくと得点アップにつながると思います。

　ただ、過去問をまずはやることが大切です。結局、受験生が共通して対策しているのが過去問である以上、相対的に上位にあがればいい

司法試験においては、徹底的に過去問をやることが大切です。

過去問で出ていない問題が出ても、ほとんどの方が間違えているだけで、基本的には、過去問で出た問題で合否また上位かどうか決まると思うので、特別な対策をするのではなくて、あくまで過去問をすることが大切だと思います。

(3) 短答対策をいつ始めるべきか

私は、あまり短答対策を初学者段階から始めることをしていなかったので、結果的に予備試験の合格が遅れたと思います。

結局法科大学院3年生の予備試験に最終合格したときにも、ちゃんと過去問を1周するということもしていませんでした。ただ法科大学院の授業でしっかりと短答知識的なことも学ぶことができたため、過去問を解かずとも合格最低点の10点くらい上でなんとか短答式試験に合格でき、論文対策や口述対策はしっかりと行ったため、最終合格することができました。

早期で予備試験に最終合格された方を見ていると、短答式対策を早くから始めている方が多いなという印象を持っていました。

予備試験に早期合格するためには、知識をアウトプットする練習にもなりますので、体系別の問題集を初学者段階から自分が学んだ分野ごとに解いて、必要な知識を確認できているかを確認することが知識の定着に役立つのでいいのではないかと思っています。

短答式試験の問題を私が過去問をしっかりと取り組み始めたのはさきほど書かせていただいた通り司法試験の2、3か月前からだったのですが、その取り組み始めたときに、短答で問われている知識は確かに細かいところもありますが、大部分（憲法、民法、刑法について）は、論文でも問題となるような知識だったので、論文知識の確認となる基礎的なものが問われていたので、もう少し早く解けばよかったと後悔

しました。ぜひこれから勉強を始めようとする方又は、勉強の途中の方でまだ短答式試験の過去問に取り組んでいない方は、これを読んだらすぐに短答式試験の過去問に取り組まれることを強くおすすめします。

　先ほども書かせていただきましたが、早期から短答式の過去問に取り組んだからといって何度も解きなおすというよりは、間違えた選択肢を見直す機会が短答対策を始めるのが遅かった方よりも多くできるという意味で早期に勉強したほうがいいという意味だと私は思います。ただ漫然と何回も短答式の過去問を解き直すことはしなくてもいいのではないかと思います。ただ、これも一端自分で短答式の過去問を解いていただいて、考えていただいた方がいいと思いますので、まずは、1回、自分で短答式の過去問を解いてみて、間違えた問題を次に正解できるためには、どうすればその知識を理解したうえで暗記できるかを考えてみてください。その際に、もう一度解き直すほうが頭に残りやすいのか、私がおすすめさせていただいたように、間違えた選択肢の解説を徹底的に理解するために何度も繰り返し解説を読み込む、条文を読み込むだけで、解き直しをしないという方法が自分に合っているのかを考えてみてください。

　また、これは、どんな勉強をする場合にも考えてみていただきたいですが、短答式試験の過去問を解いている際にも論文で同じようなものが出題されたときには、論文式試験では、どのような問題の所在を書いて、どんな理由付けで、どんな規範を書いて、どういうあてはめをしていくのかを解説等を読んでいる際に常に考えてみるのも、論文対策につながると思うので、是非やっていただきたいと思います。

　短答式試験の過去問（特に憲法、民法、刑法）は、論文式試験で問われるような論点や、判例の理解が短答式試験でも問われているので、短答式試験の知識を確認すれば、論文式試験の知識の確認にもつなが

りますので、論文で書いたらどうなるかについても少し考えてもらえればいいかなと思います。

> **CHECK**　　自主ゼミについて
>
> 　私は、法学部に在籍していたときにはあまり自主ゼミをしていませんでした。それは、まずは知識を入れてしまうことが大切だと思い、暗記するための時間がほしいと思ったからです。
> 　法科大学院在籍時には、自主ゼミをいくつかやっていました。やっていた自主ゼミとしては、予備校の答練について時間を計って解くゼミ、過去問を解くゼミ、授業の復習ゼミ、選択科目である労働法の事例式問題集を解くゼミ、刑法事例演習教材を解くゼミ等です。
> 　これらは、理論的なことを議論するというよりは、ペースメーカーとしてやっていました。強制的にやるので、自分が苦手な分野等について取り組むことができてよかったです。
> 　また、1人で時間を計って問題を解くというのが苦手だったので、友人と一緒に2時間を計って、司法試験の本番形式の予備校の答練を解くのは、答案構成と答案作成の時間配分や自分の筆記スピードや科目ごとのわからない問題が出た時に食らいつく方法等を考えて実践するのにとても役立ちました。
> 　もう少しやっておいたほうがよかったのは、答案について書くだけではなくて、本番と同じように時間を計って解いた問題について、友人と答案を交換するないし少し時間をとってお互いの答案を読んで、日本語として読めるものになっているかのチェックをしておけばよかったと思います。理論的な理由付けの好き嫌いよりも他人が読んでわかりやすい文章になっているかのほうが勉強のある程度進んだ段階では大事だからです。
> 　最後に、自主ゼミはただやっていることに意味があるのではなくて、その自主ゼミで何をしたいかの目的意識を自主ゼミのメンバーで共通した理解をもってやったほうがいいと思います。
> 　受験直前は、最後まで1人で暗記したり、考えたりする時間は必要だと

思いますので、自主ゼミをやるにしても自分の勉強の時間との兼ね合いを考えて、誘われても自分の勉強のスタイルや、やりたい方向の自主ゼミと合わなければ断ることも必要だと思います。

　必ず自主ゼミをしないといけないとかではないので、自分の勉強スタイル勉強環境等を考えながら自主ゼミを必要だと感じ、自主ゼミを開くことができる環境があれば、すればいいのではないかと思います。

4　論文問題で高得点を取るためには（各論―司法試験）

　これから私が科目ごとに書いている分量や答案構成時間については、私が自分の字の大きさで、どれくらいの量をかけたらいいかを見たことがない問題で答案構成や実際に答案作成をした結果、私ならこうなったというものです。参考にはしていただきたいですが、個々人によって、問題文を理解して読めるスピードや字の書くスピードは異なると思いますので、実際に自分自身で答案構成や答案作成をして、その感覚で自分としてどのくらいの時間を答案構成にしてどのくらいの分量を書くのを目標にするかを、以下の内容を参考にしていただいて試験本番までに決めることが大切です。

(1)　憲　法

ア　分　量

　憲法は、あまりたくさんの分量は求められていない科目だとは思います（もちろん適切なことを書ければ書けるほどよい点数にはなると思いますが）。分量としては、4枚から5枚程度でも、ある程度上位答案になると思います。

イ　答案構成時間

　憲法はしっかりと答案構成をした方がいい問題の1つだと思います。やはり原告、被告、私の見解で別のことを書かないといけないという問題の形式である以上どうしても考えるのに時間がかかるからです。

40分から50分程度は答案構成してもいいのではないかと思います。

　　ウ　対　策

　私は、平成28年司法試験の本番において、どのように答案を書けばいいかなかなか考えが思いつかず、50分から60分程度考えてしまい、答案の分量も4枚程度しか書けませんでした。さらに、あまり最高裁判例にも言及ができず、とりあえず問題文に書かれている事実について自分が疑問に思うことを言及し、反論し、私見を書くというのが精一杯でしたが、A評価にはなりました。そういうことに陥ってもある程度の点数を獲得できたのは、やはり憲法は難しく一通り原告、被告、私見の議論がかみ合えば相対的には浮き上がる問題だからだと思います。

　正直、出題趣旨や採点実感で書かれていることを書くのが一番難しい科目だと思います。ただ、現実的に点数をとるには、原告、被告、私見で一定の議論をかみ合わせられたらいいと思います。

　議論をかみ合わせるためには、原告で書いたことについて被告の立場でそうではないのではないかと問題提起し、私見では、原告と被告のどちらが説得的かを書くかという風に、3つの立場よりも2つの立場を書いて読んでわかりやすいように書くのがいいと思います（もちろん問題にもよりますし、三者の立場で書き分けられるなら書き分けたほうがいいとは思いますが）。

　また、書き分けることについて、よく憲法では、

> ㋐　憲法の条文で当該権利が保障されているか
> ㋑　その保障されている権利が当該法律によって制約されているか
> ㋒　その制約が正当化されるか
> 　（㋒では、㋐の権利の重要性と㋑の制約の強弱で、違憲審査基準や比例原則の審査密度を設定して、あてはめるということをする。）

の3段階で議論されることが多いです（特に法令違憲）。

司法試験の法令違憲についても基本的にはこの書き方でいいとは思います。

どこで三者の議論を書き分けるかは問題にもよりますが、㋐㋑㋒のどこでも議論は設定しようと思えば設定できると思います。ただ具体的な問題文で、なにか憲法的にこれはおかしいのではないかという事実があると思います。その事実は憲法の判例を読んでいくと、だんだん理解できるようになると思います。そのような事実についての評価を争うというのが1つあります。これは㋒の正当化のところで違憲審査基準を設定した後に、あてはめをする段階での議論だと思います。ほかにも、㋐や㋑でもそもそも保障されるかでそもそも制約といえるのかで議論ができると思います。とりわけ具体的な問題に近いことが問題となった最高裁判例があると権利に肯定的な判例については原告で、否定的な判例については被告で言及できればいいと思います。

意味のある議論とは、例えば、権利の重要性で議論するならば、

> 原告：集会の自由で、成田新法事件の判例を引用して権利の重要性について書く（判旨の「現代民主主義社会においては、集会は、国民が様々な意見や情報等に接することにより自己の思想や人格を形成、発展させ、また、相互に意見や情報等を伝達、交流する場として必要であり、さらに、対外的に意見を表明するための有効な手段であるから、憲法21条1項の保障する集会の自由は、民主主義社会における重要な基本的人権の1つとして特に尊重されなければならないものである」を短く要点をまとめたものを書く等）。

これに対して、

> 被告：被告としては、東京都公安条例事件判決を引用して、とはいえ集会の自由については、集団暴徒化のおそれがあるので、権利の重要性は下がる等の反論をする（判旨の「平穏静粛な集団であっても、時に昂奮、激昂の渦中に巻き込まれ、甚だしい場合には一瞬

第2章　司法試験上位合格者の勉強法

> にして暴徒と化し、勢いの赴くところ実力によって法と秩序を蹂躙し、集団行動の指揮者はもちろん警察力を以てしても如何ともし得ないような事態に発展する危険が存在すること、群衆心理の法則と現実の経験に徴して明らかである」の部分等を要点についてまとめて書いて反論する)。

この反論について、

> 例えば、私見で、東京都公安条例事件では「現実の経験」を踏まえて集団暴徒化論を議論しており、これは、この事件が起こった社会的な背景をもっており、この時代においてはこのように議論できたとしても、現在において、「現実」のデモは暴徒化することなく、リズム等に乗せて、デモで主張するというのがほとんどであり、現在の背景には妥当しない議論である。したがって、東京都公安条例事件が示している集団暴徒化論は現在においては妥当しない議論であり、被告の反論は妥当ではなく、集会の自由の重要性が下がるわけではなく、むしろ最近は、デモの重要性が再認識がされていることを踏まえると、集会の自由の権利の重要性が高まっている。

というように、判例を踏まえて議論して、私見で、新聞等で読んだ現在の社会の問題意識等を書けるといいのではないかと思います。

　したがって、時間があれば、各権利のⓐⓑⓒごとに最高裁判例を権利に肯定的なものと否定的なもので整理しておくのが司法試験対策として有効だとは思いますし、私も一部はこのようなことをしていました。

　しかし本番では頭が真っ白になることもありますし、そもそも本番ではどの権利を問題にすればいいのかについて迷うこともあります。そうすると本番では、原告でとりあえず一通りⓐⓑⓒを書いて、被告についてはⓒの事実の評価で反論して、私見でその評価がどちらが妥当なものかについて詳しく自分の考えたことを書くというのが本番で少なくとも判例等をあんまり言及できなくても一通り書くためにすべ

きことなのではないかと思います。

　違憲審査基準を、原告、被告、私見で三者三様の基準を書かないといけないのか等がよく問題になりますが、無理に基準を書き分けないでも問題はないと思います。あくまで㋐㋑㋒のどこかで三者の議論をかみ合わせればいいと思います。そして本番で困ったときには、問題文に書かれている事実についての評価で議論するのが一番有効な答案戦略だと思います。

　また、憲法は学習のはじめの段階で勉強することが多いと思いますが、他の6法を勉強してから振り返って意味がやっとわかるというところも多いので、7法を一通り勉強してからもう一度勉強すると納得がいく場面が多いと思います。

　他の司法試験の問題に比して典型的な論点をしっかりと理解できれば、ある程度点数がとれるものなのかというとそうともいえないものがあります。そうすると、あくまで全体的な試験の点数を高くもっていくという観点からは、もちろん一通りある程度点数をとれるように勉強することが大切ですが、憲法を勉強しすぎるよりは他の6法の典型的な議論をより深く理解して答案で的確に表現する勉強をすべきだと私は思います。

　法令違憲と適用違憲については切り分けが難しいですが、とりあえずは、法令について一般論が書かれているところは法令違憲に使う事実であり、具体的な事案に書かれている事実は基本的には適用違憲に使う事実であると思うのがいいかと思います。

　また、司法試験の問題では、平成26年や平成28年の司法試験の問題のように、設問で明示的に、適用違憲は書かずに法令違憲についてだけ書くことが求められている設問もあります。

　例えば平成26年の問題では〔設問1〕の真上の問題文に「C社は、本条例自体が不当な競争制限であり違憲であると主張して、不許可処分

取消訴訟を提起した。」という記述があり（「平成26年司法試験問題《論文式試験》公法系科目」第1問（法務省））、平成28年の問題では、「あなたが弁護士としてAの付添人に選任されたとして、性犯罪者継続監視法が違憲であることを訴えるためにどのような主張を行うかを述べなさい。」という記述がありました（「平成28年司法試験問題《論文式試験》公法系科目」第1問〔設問1〕（法務省））。

そして採点実感において、平成26年は、「本年の問題では、C社は『条例自体が……違憲であると主張して』訴訟を提起しており、内容的にも、適用違憲（処分違憲）を論じるべき事案でないにもかかわらず、適用違憲（処分違憲）を論じている答案は、当該記載について積極的評価ができないのみならず、解答の前提を誤るなどしているという点においても厳しい評価となった」と記述されており（「平成26年司法試験の採点実感等に関する意見」（法務省））、平成28年では「設問1は『性犯罪者継続監視法が違憲であることを訴えるため』の主張を問うているのであるから、専ら法令違憲のみを検討すればよく、適用違憲や処分違憲に言及する必要はないのに、これに言及する答案が少なからずあり、中には、法令違憲と適用違憲との違いが的確に理解できていないのではないかと疑われる答案も見られた」とされています（「平成28年司法試験採点実感等に関する意見」（法務省））。

これも過去問の採点実感等を読んでいれば、とりわけ平成28年の受験生においては、平成26年の問題は2年前の問題であり、採点実感まで読んでおけば、間違えにくい事柄であったことから、採点実感をしっかりと学習する意味がここでもわかります。

<u>過去問の聞き方や問題文の書かれ方を読んで、どういう問題文や設問のときには、適用違憲を書くのかについては、研究しておく</u>ことがいいかと思います。

また、<u>適用違憲については、条文該当性を問題にすることが多い</u>と

思います。憲法適合的にこの条文を解釈すると、この事案の事実はこの条文の要件を満たさないといった議論を原告、被告、私見で議論するという書き方をすることをまず考えてみることがいいと思います。

(2) 行政法
ア 分量
行政法の分量としては、5枚から6枚程度書ければいいのではないかと思います。個別法を読んだり、事例を読んだり、議事録を読んだりと忙しいので、そのようなことを考えると答案構成に時間がかかり、これくらいの分量が現実的だと思うからです。

イ 答案構成時間
行政法については、下記で述べるような民事訴訟法と同様に、問題文に何を書いてほしいのかが明確に書かれていることも多いので、問題文をしっかりと読み、そのしっかりと読むのは、下記の民法や商法のように時系列や人物関係を読むというよりかは、どのようなことが聞かれているかをしっかりと把握することが大切です（平成28年の司法試験では、事務所での議事録が長い割には、聞かれていることは多くありませんでした。前提とされていることがあり、この問題点については考えなくてもいいという記述が結構ありました。）。

そのように考えると、ある程度答案構成の時間が必要かと思うので、30分から40分程度は答案構成の時間にあててもいいのではないかと思います。

ウ 対策
基本書等で一通り勉強した後は、まず訴訟要件については、行政法の問題で処分性と原告適格はよく問われるので、処分性の定義と原告適格の判例の定式は一言一句間違わずに暗証できるくらいにちゃんと書いたりして覚えることが必要だと思います。

そして、処分性や原告適格のあてはめの仕方には特徴があるので、しっかりとその特徴について判例学習をする必要があると思います。

処分性の判例は、処分性の要素の㋐公権力性、㋑外部性、㋒法効果性、㋓具体性（この4つで分析しない見解もあります。）等で最高裁判例が分析されていますので、それぞれの判例の事案とあてはめ方を丁寧に勉強しておくことが司法試験のあてはめに役立つので、当たり前のことですが、丁寧に判例を読んでその解説を読み、判例の意味合いを理解しておく必要があります。

また、原告適格についても、その判断の仕方について、生命や財産に関する利益か生活環境的な利益かで原告適格の範囲の判断の仕方が異なっているという分析がなされており、前者では、直接的な被害を被る者が原告適格を有する、後者では、法令等で手がかりがある場合には、原告適格があるという風に、判断の仕方が異なってくるとされています。このように判例の判断の仕方について原告適格についても分類があります。前者については、一般的に保護されているかと個別具体的に保護されているかの2段階で判断されています。このどちらのパターンにあたるのかについて判例をしっかりと基本書等を読みながら分類してあてはめの仕方を学ぶことが大事です。

本案の問題としては、実体違法と手続違法があります。手続違法は、代表的には理由付記の問題、また手続違法が取消違法になるかという論点が問題になります。

司法試験でよく問われている実体違法は、見たことがない個別法について、趣旨を考え、規範を自分で導いて答案を書くという問題があり、他方で、最近よく出ているのは、裁量基準の問題です。法令で裁量があるとしてもそれについて行政が基準を設定している場合、㋐基準通りに処分を下している場合には、まずもって基準の合理性が問題になり、基準が合理的であっても個別事情を斟酌すべきではないかが

問題になります。①行政が基準にあてはめていないときには、平等原則の問題になります。別異取扱いが合理的かが問題になります。

私としては、これを頭に入れて、問題を解くようにしていたので、一定程度得点が答練や予備試験司法試験において安定していました。

これらは別に基本書等の基礎テキスト以外に特別なものがいるものではなく、判例を事案と判旨を読んで、基本書の判例の分類に助けを借りながら、判例を整理しておくことが大切だと思います。

問題文が個別法の条文を合わせると長いので、また個別法の問題をどう解くかは一定の訓練が必要なので、基本書等で上記の知識の整理ができた後には、司法試験の過去問や予備校の答練の問題等で、ひたすら練習を積むことが大切だと思います。

(3) 民 法
ア 分 量

民法は、ある程度の分量が要求される年もありますが、基本的には5、6枚の分量を書くことができればいいと思います。

イ 答案構成時間

民法で事実を読み間違えると論点がまったく関係のないものになることも多いですし（例えば、私が受験した平成28年司法試験では無権代理と相続の類似論点が出ましたが、無権代理と相続は無権代理人が死亡する場合と相続人が死亡する場合で処理が異なるので、どちらが死亡したかの事実を読み間違えると違う論点の議論になってしまいますし、他にも、背信的悪意者の議論でも背信的悪意者からの転得者なのか善意の第三者からの転得者が背信的悪意者なのかによって最高裁判例があるかどうか等も変わってきます。）、人物も他の科目よりは多くでてきますので、事実関係がややこしいです。

そうすると、時系列で人物関係、それらの人物の法律行為や事実行

為について間違えがないように問題文を読まないといけないですし、ある程度時系列表や人物関係図等を作成した方がいいようなことも多く、典型的な家族法や相続法の問題が出た場合には、親子関係等について図は必ず書いた方がいいと思います。

このように考えると問題文を読んで論点やどの条文の問題かを把握する答案構成の時間はある程度取った方がいいと思いますので、30分から40分は、答案構成時間にあてた方がいいと思います。

　ウ　対　策

民法の問題では、まず問題文で誰から誰への請求が問題になっているかを把握して、その人が何を求めているか（お金を請求しているのか、物を返してほしいといっているのか、それとも家から出ていけといっているのか）等を把握して、その求めていることを実現するためにはどういう法的構成を考えればいいのか（例えば、お金を請求している際には、契約の履行請求なのか、債務不履行の損害賠償請求なのか、事務管理なのか、不法行為なのか、不当利得なのか）等について考え、その法的構成の効果を発生させるためには、どのような要件があればいいのかについて考えていくということが大切だと思います。

これは要件事実の勉強をすればよくわかるようになると思います。今いった法的構成は要件事実の勉強でいえば、訴訟物ですし、要件はその訴訟物を発生させるための要件事実です。

その要件に関してどこが充足性に問題があるのか、その問題があるときにはそこの論点はどのようなものがあるのかを議論します。

反論を求められているときには、要件の否認なのか、それとも抗弁等なのかを考える、これも要件事実を学習すれば否認や抗弁の理解が深まります。

司法試験の民法では、民法の議論と要件事実の議論をしっかりと関連させて理解しておくことが大切です。

また、民法の問題でとても深い理解を問われていることがありますが、実際に受験生でその深い議論ができる方は少ないので、一定の処理ができればいいと思います。

　典型的な論点とかではなく困ったときには、最低限、問題点について書き、問題となっている条文の趣旨を書き、このような趣旨からすれば、こういうことになると書いておけば最低限処理したことになると思います。

　それより重要なのは思ったよりも典型的な論点が聞かれているので、しっかりと範囲が広い分幅広く典型的な論点について学習することが民法の高得点につながると思います。

　上記のような求めていること、それの法的構成、その要件そして、問題文の事実の評価等をしっかりと答案に表現できるようにしたうえで、範囲が広い分受験生の中でも全分野の典型的な論点を一通り書ける方はあまり多くないので、条文、趣旨、要件、典型的な論点について一通り答案で表現できるようにしておくことが大切です。

　また、要件にしっかりとあてはめることも大切です。司法研修所編『新問題研究要件事実』(法曹会、2011)で書かれていますが、例えば、即時取得の過失では調査義務違反が問題となりますが、その義務について、㋐調査義務が生じる不審事由の指摘、㋑具体的な事例に応じた調査義務の設定、㋒その義務の懈怠というのをしっかりと分けて書くこと等が大切です。

　基礎的なことですが、一般的な民法の条文の「善意」は知っていることで、時効取得や即時取得の「善意」は信じることであることや時効取得や即時取得の「過失」は調査確認義務であること、不法行為などの「過失」は結果回避義務であることなど定義をしっかりと理解しておくことは大切です。定義が間違っていると事実の評価や取ってくるべき事実も間違えます。また、司法試験でも過去に問題になってい

ますが、即時取得などの過失の基準時はとても大切です。基準時より後の事実で過失を基礎づけたりはできないからです。

　以上のように、民法では、要件事実的な勉強をしたうえで、民法の典型的な論点について全体的に幅広く一定の理解を答案で表現できるようなどちらかというと広く浅くの勉強をしておくことが大切だと思います。

(4)　商　　法
　ア　分　量
商法についても、民法と同様に5、6枚の分量が必要になると思います。
　イ　答案構成時間
商法も民法と同様に、時系列や人物関係やその人物がどのようなことをしたのかの把握が重要となりますので、30分から40分は答案構成に時間を当てたほうがいいと思います。
　ウ　対　策
商法は、かなり勉強が民法に似ていると思います。どういう法的構成なのか（どちらかというと商法ではどういう手段を用いるのか、例えば、会社法423条なのか429条なのか、それとも会社法120条の利益供与なのか）、その法的構成についてどういう要件が問題になって、その要件でどういう論点が問題になっているのかが、しっかりと聞かれているからです。

民法同様、どちらかという典型的な論点について広く浅く勉強することと、会社法ではいろんな義務が出てくるので、例えば監視義務だと、どういう不審事由があり、その不審事由に対して当該人物の地位に照らしてどういう義務があるのに、当該人物は、その義務を怠ったのか等をしっかりと書くことが求められるので、あてはめも大切です。

また、どういう法的構成があるのかはどういう手段があるのかについて複数問われていることもあるので、過去問等を通してどういう手段があるのかを整理しておくことが大切です。

　会社法は条文や規則がややこしく私としても勉強があまり進まない科目でしたが、まずもって問題文の事実についてしっかりと監視義務等の任務懈怠系の問題について義務を書いて、損害や因果関係等をあてはめるという意識をもって答案を書くようにしていました。

　平成27年司法試験で出題された判例のように、その当時の百選にはまだ掲載されていない最高裁判例が出たりもするので、会社法については、新しめの判例についても意識しておくことが大切だと思います。

(5)　民事訴訟法
　　ア　分　量
　民事訴訟法は、聞いていることが難しいことが多いので、変なことを書くよりも、分かっている範囲内で問に答えるということをする必要がある科目ですので、4枚から6枚程度で答案をまとめればいいと思います。

　　イ　答案構成時間
　民事訴訟法は、問題文にどういうことを聞きたいかがしっかりと書いてある問題で、その問題文を的確に分析して出題者が聞いていることをしっかりと書く必要があるので、答案構成時間は比較的長めにとるべきだと思います。30分から40分程度答案構成時間を取っていい科目だと思います。

　　ウ　対　策
　民事訴訟法は、判例の射程問題等、有斐閣の『民事訴訟法判例百選』シリーズ（以下「百選」）の掲載判例の理解がストレートに問われる設問になっています。

実際に平成24年の司法試験の出題趣旨においては、最判昭和33年7月8日《百選4版・47事件》、最判平成14年1月22日《百選4版・105事件》というように、出題された最高裁判例の後ろに百選の番号がついており、百選が重要であることがわかります。
　そして実際に民事訴訟法の判例百選の解説については、定義、趣旨、論点の知識（通説、少数説）、判例の射程、判例の問題点批判等が丁寧に書かれているものが多いです。
　私が受験した平成28年の司法試験においても、最高裁判例は百選掲載判例の判旨と解説をしっかりと理解できていれば上位の点数をとることができた問題でした。
　以上より、基本書や予備校の本等で一通り勉強した後は、百選の判例について事案、判旨、解説をしっかりと読みこむことがまずもって対策として必要だと思います。
　ただ、すべての百選の判例をいきなり読んでいくのは大変だと思いますし、論文に出にくいものを詳しく読む時間をあてられないこともあると思うので、まずは、新司法試験の過去問や予備試験の過去問で出題された百選掲載判例について解説も含めて読んでみるのがいいかと思います。
　また、民事訴訟法では、問題文にどういうことを書いてほしいかが明確に書かれています。
　設問自体は、「あなたが司法修習生Ｐ１であるとして、Ｌ１から与えられた課題に答えなさい。」（「平成28年司法試験問題《論文式試験》民事系科目」第3問〔設問1〕（法務省））のように、シンプルなものですが、事例と事例に引き続く司法修習生と弁護士などの会話文において、どういうことを前提に議論するのか、どういうことを答えてほしいのかが明確に書かれていますので、その聞かれていることを１つ１つ丁寧に答えることが大切です。なので、私は、とりわけ民事訴訟法では、何を答えれば

いいのかについて間違えがないように問題文をじっくりと読むことにしていました（具体的には、上記平成28年司法試験問題〔設問1〕の真上のL1の言葉を参照ください。）。

(6) 刑 法
　ア 分 量
　刑法は、比較的多くの枚数を書くことが必要とされる科目だと思います。6枚から8枚は書けるようにしておいた方がいいと思います。
　おそらく刑法は、論点自体ははっきりとしていて多くの方が一通りのことは書けるので、枚数が自然と増えるのだと思います。
　イ 答案構成時間
　刑法は、分量が多い筆記スピードにもよりますが、20分から30分以内には、答案構成を終了して、残りは答案を迷わずに書き続けることになると思います。
　ウ 対 策
　刑法は受験生がある程度同じことを書けるので、基礎的な論点等をわかって、上位を目指すならあてはめをしっかりとできる必要があると思います。
　逆に、基礎的な論点がわかっていなかった場合には、点数が悪くなりやすいので、一通りの知識は、しっかりと身に着けないと困る科目だと思います。
　事例からどういう行為にどういう犯罪が問題になり、その犯罪の成否において、どういう論点が問題になるかを把握する能力が必要となります。
　その勉強としては、基本書等を読んで知識を入れる際に、できれば事例が豊富に載っている基本書を使うとよいと思います。事例というのは判例の事案と、その事案において判例がどういう解決をしたのかについて、その一応の理論的な説明が入ったものである必要があると

思います。

　実践的には、旧司法試験の問題が載っている問題集でも学者の方が書いた問題集でもいいので、事例からどういう犯罪が問題になるのかについての把握する能力を磨いていく必要があると思います。刑法は、比較的オーソドックスな問題が多いので、いきなり司法試験や予備試験の問題を見てみてもいいかと思います。

　刑法は、先ほど述べたとおり、量をある程度書くことが求められており、それはあてはめ、規範の両方をしっかりと書く必要があると思います。

　あてはめは判例の事案の学習等で身に着けることができ、あまり丸暗記するものでもなく、理解しておけばよいものだと思います。

　規範は理解したうえで、聞かれたらすぐに答案に再現できるようにとりわけ時間がない刑法ではしておいた方がいいです。

　その意味で、刑法では、規範とその理由付け重要なもの1つについてなにかしら論証を準備しておく必要がある科目だと思います。

　また、上述のとおり、一通りのことは、受験生の多くが書けるので、試験で差をつけるのはメリハリだと思います。

　このメリハリとは、成立するのが明らかな犯罪については（例として住居侵入罪）、

> V宅は、起臥寝食に利用される建造物であり、「人の住居」にあたる。その「人の住居」たるV宅に、刃体15センチの包丁をタオルで巻いて持っており、殺人目的という違法目的で入っており、住居権者の意思に反する立ち入りであり「侵入」にあたり、故意も当然あるので、Aの行為には、刑法130条前段の住居侵入罪が成立する。

といったように、

> 事実⇒評価⇒規範（ないし定義）⇒条文の文言
> 客観面から主観面

に書いていく書き方が1ついえると思います。

なお、上記の例において、「事実」は、「V宅」「刃体15センチの包丁をタオルで巻いて持っており」の部分で、「評価」は「殺人目的という違法目的で入っており」の部分、「規範(ないし定義)」は、「起臥寝食に利用される建造物」「住居権者の意思に反する立ち入り」の部分で、「条文の文言」は「『人の住居』」「『侵入』」の部分です。

住居侵入罪等の侵入罪はこのように短文で書いてしまうことが多いと思います。

<u>成立するのが明らかではない犯罪については(論点等がある場合)、条文の文言に着目しながらどの文言の該当性で論点が問題になるかを問題の所在で明らかにして、規範とその規範を理由づける理論的な説明を書いて、その規範にあてはめて結論を出すという一般的な書き方</u>をします。

(7) 刑事訴訟法
　ア　分　量

分量は刑法と同じで<u>6枚から8枚</u>という比較的多めの分量を書くことが必要だと思います。刑事訴訟法は、規範ももちろん大切ですが、あてはめをする量がとても多いです。<u>事実を摘示して、事実を評価して、それを規範にあてはめるというのをしっかりとしないといけない科目</u>の1つだと思います。

　イ　答案構成時間

分量が多いので、答案構成時間が短めになります。刑法と同程度の枚数なので、刑法と同程度で<u>20分から30分以内</u>に、答案構成を終了して書き続けることになると思います。

　ウ　対　策

刑事訴訟法の問題は、

> ㋐　捜査の適法性を聞く問題（強制処分該当性が比較的多い）
> ㋑　訴因変更の要否、可否等の訴因を聞く問題
> ㋒　証拠能力の有無を聞く問題（自白、違法収集証拠、伝聞法則等）

に大きく分かれます。

　総論で強制処分該当性の問題を例題にしていましたが、㋐については、強制処分該当性⇒任意処分の適否を聞く問題がオーソドックスにあります。このような出題については、判例がどのような事案で強制処分該当性を認めたのかについて、『刑事訴訟法判例百選　第10版』（有斐閣、2017）等の判例教材で学習することが大切です。

　また、基礎的なことですが、強制処分該当性では、権利利益側の事情しか考慮しない、任意処分の適否では、捜査の必要性と権利利益側の事情のバランスを考えるので、両方の事情を考慮すること等はよく考えて判例や裁判例の判断を読んで理解しておくことが大切です。

　㋑についても、訴因変更の要否→訴因変更の可否という出題がなされたことがあるので、まずはその処理をできるようにする必要があります。対策としては、該当年の新司法試験の問題を解くのがもっとも効率的だと思います。

　㋒については、自白の任意性や違法収集証拠については、最高裁判例を理解することが大切です。とりわけ自白については、自白の任意性を否定した裁判例や最高裁判例の事案と判断、違法収集証拠については、最高裁判例が違法な手続と関連する証拠の証拠能力の判断、違法な手続とその直接利用した手続から得られる証拠の証拠能力の判断をどのようにしているかについての枠組みを理解することが大切です。

　㋒については、新司法試験でも多くされている伝聞についての理解をすることが必要となります。

　伝聞法則をしっかりと理解するためには

> ① 有罪の判断があるためには、犯人性の判断と構成要件該当性の判断があること
> ② 主要事実や間接事実や証拠との関係

をよく理解することが大切です。

まず、主要事実で問題となっているのは犯人性に関するものなのか、構成要件に関するものなのかを考え、次に、問題となっている証拠から主要事実自体を立証するのか、主要事実を推認させる間接事実を立証するのか、証拠から主要事実を立証するためには、その証拠について知覚、記憶、叙述のチェックが問題となるのか、証拠から間接事実を立証するためには、知覚、記憶、叙述のチェックが問題になるのか等を考えるというステップを踏まないと、伝聞か非伝聞かを判断できないので、上記の①と②を前提として理解しておくことが必要です。

また、平成28年司法試験では、新司法試験で過去にも出題がある強制処分該当性が問題になったのですが、その際、強制処分にあたるかどうか、強制処分でないとしても、任意処分として比例原則違反になるかどうかについて、事実が問題文にたくさんあったので、事実を時系列に沿って、どういう事実がどういう評価に結びつき、時系列でどの段階になったら強制処分として違法もしくは比例原則として違法になるのかならないのかが問題になりました。私は試験本番で、平成26年司法試験の問題の取調べの適法性が問題になった際に、取調べが適法かどうかで時系列で事実が書かれており、時系列を意識した方がいいのではないかということはこの問題でわかっていたので、平成28年の問題でも時系列を意識して、あてはめていくということをしました。このように、過去問を意識して本番でしっかりと対応できるようにすることが大切です。司法試験の刑事訴訟法、とりわけ強制処分該当性が問題になるものや伝聞の問題においては、具体的事実を問題文から引っ張って評価するということが刑法と同様に重要だと思います。

第2章　司法試験上位合格者の勉強法　　125

|勉強法| 平成30年司法試験の傾向

匿　名

　出題形式に明確に変更のあった憲法及び刑法について、簡潔に特徴を記すこととする。

1　憲　法
(1)　設問形式
　憲法は、例年、原告の主張、被告の反論及び私見の形式で論述させる設問であった。しかし、平成30年は、「あなたが（ある条例を作ろうとする市の担当者から）相談を受けた法律家甲であるとした場合、……どのような意見を述べるか」という形式に変わった。「想定される反論を踏まえて論じなさい」とされており、反対意見も念頭に置く必要はあるが、基本的には私見を中心に論じることになろう。
(2)　判例の理解
　設問において「参考とすべき判例……を踏まえて論じなさい」とされている。平成29年の出題も判例を意識したものとなっており、採点実感においても「マクリーン事件等幾つかの参考となる判例を想起すべき事例であり、これらの判決の趣旨を理解し、その射程を意識しながら本事例について論証しようとする答案は説得的であり、高い評価となった」（「平成29年司法試験の採点実感」法務省）と述べられていたことから、近年、判例の理解を重視する傾向にあるのではないだろうか。
(3)　分量及び時間配分
　問題文本文が、市の担当者Xと法律家甲との会話形式で記載されており、会話文の中から、検討事項を読み取る必要がある。そして、問題文本文の分量は3頁と例年より長くなっている。また、「原告の主張」

を別立てで論述する必要はなくなったが、その分、検討すべき事項がかなり多くなっており、時間配分には注意が必要である。

(4) 勉強法

以上のような設問形式の変更が、平成31年以降も続くか否かは定かでないが、平成30年のような設問形式の変更は、「原告の主張」と「被告の主張」との対立を明記させるか否かの違いにすぎない。いずれにせよ、勉強法「司法試験合格までの記録〜原理・原則からの考えを重視〜」50頁以下などのような観点で論ずればよいことに変わりはないと思われる。

また、判例の判断枠組みの正確な理解など、勉強すべき内容にも特段の変更はないと思われる。

2 刑法

(1) 設問形式

刑法は、例年、長文の事例問題の中に、多くの犯罪・論点が含まれており、甲・乙・丙などの罪責を論述させる出題であった。問題文の中から成立しうる犯罪を見つけ出し、正確な構成要件の定義などの理解のもと、問題文の事実をそれに当てはめるという、いわば浅く広く、時間内にバランスよく端的に大量の事務処理を行うというようなイメージの出題であった。平成29年の採点実感においても、「論じるべき点が多岐にわたることから、各論点の体系的な位置付けを明確に意識した上、厚く論じるべきものと簡潔に論じるべきものを選別し、手際よく論じる必要があった」とされている（「平成29年司法試験の採点実感」法務省）。

しかし、平成30年は、第1問に設問が3つ設けられ、設問ごとに問題文本文も区切られている。設問2及び3は成立させるべき罪が指定されており、設問1も成立しうる罪は明らかであることから、問題文から成

立しうる多くの犯罪を探し出す必要はなくなった。また、成立する犯罪が各設問につき1つずつであることから、罪数について論じる必要もなかった。

また、設問2は、甲の同一の行為につき、①殺人未遂罪が成立するとの立場からの説明、及び②保護責任者遺棄等罪が成立するにとどまるとの立場からの反論に言及したうえで、甲の罪責を論じさせるというものである。設問3も、ある行為につき、甲に殺人未遂罪は成立しないとの立場に対して、甲に同罪が成立すると反論するための構成を論じさせるものである。このように論じるべき方向性を指定し、そのための論理的構成や着目すべき事実を考えさせる出題となっている。

(2) 分量及び時間配分

問題文本文の分量は例年より少し短くなり、検討すべき犯罪や論点も例年より格段に少なくなっている。そのため、書くべき答案の分量も例年のように8枚近く書く必要はなく、時間的には例年よりも余裕があったのではないかと思われる。平成30年の出題形式であれば、勉強法「司法試験合格までの記録～自分にあった勉強法を見つけるために～」120頁のように、「20分から30分以内には、答案構成を終了して、残りは答案を迷わずに書き続ける」必要はなく、答案構成においてもう少し深く検討してもよいと思われる。

(3) 勉強法

以上のように、平成30年の刑法の出題は、従来の「浅く広く」形式から、1つの事項について深い考察を求める形式に変わった。特に、設問3は刑法総論の体系的な理解が求められる「考えさせる」問題だったのではないかと思われる。

従来の、制限時間内に大量の事項を検討しなければならないために、定型的な論証パターンに頼らざるをえず、回答者が深く理解をしているのか、それとも表面的に暗記しているだけなのかを判別しにくい出

題形式から、1つの事項につき深く考えさせることで、刑法の深い理解や考える力を求める出題形式に変化したのではないかと思われる。

　このような出題形式の変更が、平成31年以降も続くか否かは定かでないが、仮に平成30年のような出題であっても、前提として、従来求められていたような、構成要件の定義などの正確な理解やそれに事実をあてはめる力が必要なのは言うまでもない。たとえば、平成30年の設問1では、名誉棄損罪の構成要件の定義やそれに関する判例を正確に理解したうえで、それに問題文の事実を的確にあてはめる必要がある。そのため、従来のような勉強法は、前提として必要であると考えられる。

　それに加えて、たとえば設問3のような出題では、刑法総論の体系的な深い理解をもとに、論じている事項が刑法総論においてどこに位置づけられるのか、主観の問題なのか客観の問題なのかなどを意識して、論理的に「考える力」も求められるのではないかと思われる。

　なお、前述のように、平成30年は、問題文から成立しうる犯罪を探し出す必要はなく、罪数についても問われなかったが、今後も問われない保証はなく、依然としてこれらについての学習も必要であろう。

> コラム　勉強している自分を嫌いにならないこと

夏目　麻央

職　歴　　弁護士（69期）　大阪天満法律事務所勤務

1　勉強が楽しくて楽しくて仕方ない人もいるかもしれませんが、少なくとも、私はそういうタイプではありません。

　そもそも、楽しいことが大好き、買い物したり、友達と遊んだり、テレビを見るのも大好きです。また、司法試験に合格した時はまだまだ幼い2人の子どもを育てる主婦で、目の回るような毎日で、子どものためにしたいことがたくさんありました。

2　司法試験の勉強は、私にとって、地味で根気のいる作業も多く、また、簡単には内容が理解できない理論に頭を抱えることも少なくありませんでした。

　ですから、司法試験の勉強自体が好きかと言われれば、理解できる喜びを感じることはないではないけれど、好きではないかな…というのが本音です。

　勉強して、知識をつけて、志をもって目指した弁護士になるんだ、勉強は手段だ！なんて思うのですが、やはり、勉強自体は辛いことが多かったです。

　目の前の子どもを見て、今、司法試験に合格する必要があるのかな、と悩むこともありました。

3　迷いながら、得意とは言えない勉強とその他のことを両立するために、私が試験勉強中に心がけていたことは、「勉強している自分を嫌

いにならないこと」です。

　髪の毛もボサボサ、スッピンの自分が鏡の向こうにいると、気分も落ちるので、家で勉強するだけの日も、勉強を始める前にお化粧をしました。遊ぶと決めたら思いっきり遊びました。片付けは苦手ですが、勉強する前は部屋を綺麗にしました。司法試験の前々日、子どもの幼稚園の親子遠足がありましたが、お弁当も気合を入れて、参加しました。

　どれも、ちょっと面倒くさかったり、勉強に差し支えるかもと気になったりするのですが、勉強のためにそれをしないよりは、した方が自分のことを好きでいられるから、そうしました。

4　司法試験の合否は、受験生にとってはとても大切なことで、合格するために、何かを犠牲にすることもたくさんあると思います。
　私は、そのような時は、「ここでどういう選択をする自分の方が好きか」という観点から考えるようにして、決めた方に全力で取り組むことにしました。
　勉強時間が減ったことを、何かのせいにしない自分でいるために、睡眠時間を削って勉強することもありましたが、とにかく、ある程度長い目で見たときに、自分と自分の生活を好きでいられることを目指していました。
　この本を手にとっている皆さんも、司法試験を目指すなかで、色々な事情を抱えていると思います。
　どんな状況にある方も、どうか司法試験を目指して勉強している自分を嫌いにならずに合格を勝ち取ってほしいと願っています。

5　私は、幸いにも合格して、弁護士になり、1年が経ちました。
　試験勉強は、それをする時間を削っても、自分だけの問題です。

第2章　司法試験上位合格者の勉強法

しかし、仕事となれば、依頼者や、仕事関係の方がいます。

現在の私は、勉強をすれば良かっただけの時期のように時間のやりくりが上手くいかないことも増えました。

この原稿を書いている今は、スッピンボサボサのまま出てきた電車の中です。家も片付けきらないまま出てきてしまいました。

どういう風に、色々なことの折り合いをつけながらやっていくか、試行錯誤の毎日ですが、やはり、自分を嫌いにならない自分でいられるように日々頑張っていかなくてはならないなと改めて思っています。

6　そして、司法試験の勉強は、やはり、実務の基礎となる大切なものであることを実感しています。そして、司法試験を頑張ったその過程も必ず、人生の大切な礎になると思います。一生懸命、そして前向きに試験勉強に取り組んで下さいね。

第3章　司法試験体験記

体験記　4度目の正直
　　　　－飛び級、短答式試験不合格、就職、
　　　　リトライの軌跡－

　　　　　　　　　　　　松﨑　香織（講師名：松来　香歩）

学歴・職歴	平成25年	立命館大学法科大学院修了
	平成28年	司法修習生
	平成29年	弁護士／講師（フリーランス）
司法試験受験歴	平成25年	短答式試験不合格
	平成26、27年	短答式試験通過、論文式試験不合格
	平成28年	最終合格

1　はじめに

　私は、4度目の受験で司法試験に合格し、弁護士となりました。こうして、当時のことを振り返ってみると、改めて無駄な経験はなかったと感じました。どんな経験をするかではなく、その経験から何を学べるのか、という視点で考えることができるようになりました。

　司法試験に1回で合格することに価値があり、そこを目指すべきです。ただ、合格出来なかった人は、自身を喪失せず、その不合格経験から何を学べるのか、と気持ちを切り替えると、その不合格を価値あるものに変えていくことが可能であると思います。そのような想いを伝えたくて、母校での講演や講師活動も始めました。

　この体験記も、勉強の方向性に悩んでいる方、リトライ受験の方、社会人受験生の方に読んでいただけると嬉しいです。

2　悲しみの底で－23歳の5月－
(1)　受け入れられない現実

当時は、予備試験が始まっておらず、早く司法試験を受験したかった私は、法学部を早期卒業し、飛び級で法科大学院へ進学しました。しかし、23歳の5月に受験した司法試験は、短答式試験（7科目）を通過できずに終わりました。私は、その現実を受け入れることができませんでした。

現実から逃げるように、5月中に履歴書を書き、着慣れないスーツで面接へ行き、6月1日から契約社員として働くこととなりました。司法試験受験を続けるか否か、迷っていました。また不合格になるのではないかと、不安でした。出口の見えないトンネルの中を歩き続けるような、どんよりした気持ちでした。

一方で、営業の仕事は楽しいものでした。成果が見えにくい勉強と違い、お客様の反応、営業成績、給与…自分の行動に対する反応が目に見えて返って来るので、とてもやりがいを感じました。また、久しぶりに社会とのつながりを感じました。法科大学院での2年間はアルバイトをしておらず、自分がいなくても誰も困らないと卑屈な気持ちになっていました。新社会人として働く同級生を見て、羨ましく感じました。だからこそ働いていると、社会の一員になれた気がしました。

そのころ、別会社から、東京での正社員の話をいただき、ますます司法試験受験を続けるのか迷いました。なんとなく短答式試験の勉強は続けていたものの、勉強に身が入っているとは言えない状態が続いていました。また、1年目は短答式試験を通過できず、論文式試験の採点がされていないにもかかわらず、再現答案を作成しておらず、敗因分析等もできていませんでした。

(2)　想像以上の不利益

もし、読者の方の中に初受験の方がいらっしゃるならば、なんとし

てでも短答式試験を通過してほしいと思います。通過できない不利益の大きさは想像以上でした。受験仲間・戦友と共に、9月の合格発表を待つことさえ許されない悔しさ。9月まで息抜きをしている戦友と遊ぶこともできず、6月から勉強を再開しなければならない悲しみ。このまま受験を続けるべきかの葛藤、法曹以外の進路の可能性の模索。2度目の受験直前期に、また短答式試験を通過できないのではないかという恐怖との闘い。書き出すときりがないため、優秀な方でも、短答式試験の対策を侮らないでほしいです。

3 迷いの森で－24歳の5月－

人には、向き不向きがあると思いました。短答式試験を通過できなかった私は、司法試験に向いていないのではないか、そんな私でも必要としてくれる場所があるなら、そちらへ行く方が幸せなのではないか。自信を喪失していた私は、正社員のお話に舞い上がっていました。

そんな中で迎えた24歳、2度目の司法試験。短答式試験（7科目）は通過したものの、9月に不合格が決まりました。

しかし、不思議と涙はありませんでした。受験後の6月に東京の職場へ見学に行き、気持ちは就職へ傾いていました。10月には実家を離れて上京し、職場徒歩圏内に住居を決め、11月からは、そこが私の新しい居場所となりました。

いろんな前向きな理由をつけ、私は再び、司法試験から逃げたのでした。

4 濃霧の中で－25歳の5月－

（1） 感じたもどかしさ

高校1年次より、接客業のアルバイトをしてきた私は、人と接すること、働くことが好きでした。新しい職場でも、お客様と接することに

やりがいを感じていました。

　一方で、もどかしさを感じるようになっていました。お客様ともっと向き合いたい、もっといろんな人と接したい。お客様の相談に乗り、商品を提案するだけの関係ではなく、もっと向き合いたい、もっと様々なニーズを満たしたいと思うようになりました。また、同じ業界の人や同じ属性の顧客としか接する機会がなかったため、もっといろんな人と接してみたいとも思いました。

　専門職だったら、もっと踏み込んだアドバイスができるのではないか。弁護士ならば、お客様（依頼者）と向き合えるのではないか。弁護士ならば、業種や業界を越えて、いろんな人と接することができるのではないか。そんな想いがよぎるようになりました。

(2)　再開した勉強

　気が付けば、自然と勉強を再開していました。時間を見つけては、短答式試験の過去問を解く時間にあてました。お昼休みは、職場から10秒ほどのファミリーレストランへ直行し、毎日同じ席で同じメニューを注文し、残りの時間はすべて短答式試験の勉強にあてました。当時は、土日を含む週6日勤務していたため、1時間の昼休みは貴重な勉強時間でした。

(3)　社会人経験から得た財産

　そして、会社と自宅を往復するだけの日々だった私を支えてくれたのは、勉強仲間や家族でした。

　特に受験仲間がいなければ、受験を続けることはできなかったと思います。日々の勤務で自由に動けない私に代わって予備校の答練や模試の申込みに行き、毎回問題や解説を受け取って、東京へ郵送してくれました。また、「ひと息ついてね」と、カフェのドリンク券が付いたメッセージカードを送ってくれたこともありました。バレンタインデーのカードが届いたことが嬉しくて、毎年2月になると思い出します。

勉強内容の報告をしたり、いろんな悩みを相談していました。

　仕事と勉強に注力し、食事への配慮が後回しになっていた私を心配し、母は手料理を小分けに冷凍し、送ってくれました。買い物に行かず勉強を優先する寒がりの私に、防寒機能のついたブーツや服、社内用のスリッパなど、かゆいところに手が届く品々を送ってくれました。父は、水好きな私のために、ミネラルウォーターをこまめに注文して、発送してくれていました。

　家族や友人が送ってくれた荷物についていた伝票は、嬉しくて捨てられず、ノートに張り付けて保管していました。辛くなったときは、そのノートを読み返し、感謝の気持ちを思い出し、自分を奮い立たせていました。

　関西を離れ、社会人として自立した気になっていた私でしたが、たくさんの人に支えられていたことに気が付きました。そして、私の司法試験合格は、私だけの夢ではないのだと感じました。支え、応援してくれている人達のためにも、合格しなければいけない、と。

　もし、私が専業受験生を続けていたら、どれだけ恵まれた環境にいたのか気が付かず、そのことに感謝できていなかったかもしれません。社会人を経験したからこそ、たくさんの人に支えられていること、感謝することができるようになりました。

　当時の私は、司法試験から逃げて就職し、遠回りしたと後悔していましたが、今振り返ると、むしろ近道であったかもしれないとさえ思います。社会人経験から学んだ様々なことは、大きな財産となりました。

5　退路を断つ－25歳の5月－

　25歳、3度目の司法試験。有休を取って実家へ戻り、大阪で受験しました。過去2回の受験に比べ、勉強時間が少なかったにもかかわらず、短

答式試験（3科目）全科目で過去最高得点を残すことができました。

しかし、論文式試験では手ごたえがなく、9月の発表を待つまでもなく、結果を察していました。こんなにも応援してもらっているのに、結果を出せない自分が情けなくて、涙があふれてしまいました。

強く合格を誓っていたものの、このまま働きながら受験を続けても、論文式試験の突破は難しいと感じました。そこで、体調を崩したことも相まって、お世話になった職場を去ることを決めました。

6　雲間から見えた光

その年の9月に受験仲間が合格しました。

一緒に合格できなかったこと、一緒に修習に行けないことが、悔しくて情けない気持ちになりました。しかし、それ以上に友人の合格が嬉しく、心の支えとなりました。合格イメージをうまく思い描くことができず、合格者が遠い存在だった中、一緒に勉強してきた仲間の合格により、合格が一気に身近なものとなりました。

7　訪れた転機

(1)　自分の課題探し

友人に張り付いて質問を続け、友人のアドバイスを聞くことから始めました。ここでも、受験勉強にブランクがあったからこそ、いつも以上に素直になれたように思います。

もっとも、友人と同じ教材を使うのではなく、なぜその教材を選んだのか、何の目的で使うのか、その結果何を得られたのか、得られたことは合格に不可欠なことか否か等、理由を含めて質問していました。そして、自分の勉強でも、なぜその勉強（教材）をするのか、という問いを大切にするようになりました。何の目的で、何を習得するために、その教材に取り組むのか、その前提として、自分の課題は何であ

るのか、自分と向き合うようになりました。
　(2)　勉強時間が増える副作用
　私は退職直後、すべての時間を勉強に使える！やりたい勉強がなんでもできる！と思っていました。これだけ時間があれば、力がぐんぐん伸びて、合格出来る！とインプット偏重になっていました。
　また、合格に必要な勉強と、やりたい勉強の区別をあまり意識できていませんでした。友人に、一番自分に必要だと思う勉強からしないと間に合わないと言われて、ハッとしました。私の場合、問題演習・過去問演習が一番必要であると考えていたのですが、だからこそ、ある程度知識をつけ、年明けからアウトプットをしようなどと考えていました。しかし、その友人の一言で、勉強方針を転換させました。
　必要なことから始めないと間に合わないのは、勉強姿勢だけではありませんでした。私の場合、答案においても前置き等を書きすぎてしまい、メインの論述が薄くなることが多々ありました。また、求められていないことまで書いてしまい、その結果、問われていることには十分答えられていないことがありました。私の勉強姿勢は、答案にも表れてしまっていたことに気付きました。
　また、考えずに勉強していた姿勢（この教材はみんながいいと言っているから使う等の受け身な勉強姿勢）も答案に表れていました。なぜ書いているのか、採点者に伝わらず、みんなが書いているから書く、論点だから書く、といった答案になっていました。なぜ書くのか、自分はどう考えたのか、が採点者に伝わるような意思ある答案を心掛けました。書きたいことではなく、採点者の求めていることを書く、求められていることをただ書くのではなく、思考を示し意思のある答案を書く。抽象的な言葉だと中々イメージが伝わらないかもしれませんが、自分と向き合い、自分の課題を探すようになりました。

8 社会人経由で受験される読者の皆様へ

お仕事を続けながら受験される方は、1時間未満の隙間時間に短答式試験の勉強をし、机に向かうことができる時間は論文を書くことをおすすめします。2時間計っての論文練習量を確保し、書き慣れておかないと本番で力を発揮できない可能性があります。

また、受験仲間や合格者を探してください。一人で勉強を続けていると、合格から遠ざかる勉強を始めてしまう可能性があります。

退職され専業受験生になられる方は、時間の使い方を意識することをおすすめします。毎日すべての時間を勉強に使えることに感動し、手当たり次第勉強せず、何のために勉強するのかを意識してみてください。

9 おわりに

26歳の5月、4度目の司法試験を迎えました。過去3度の試験初日は、ぐっすり眠って迎えることができた私が、朝5時を過ぎても眠れず絶望的な気持ちでした。ようやく6時から2時間程度眠ることができました。寝不足で、重い身体を引きずり、駅から徒歩10分の試験会場までの道のりをタクシーに乗って会場へ向かいました。

初日の手ごたえは最悪でした。しかし、蓋を開けてみると、初日の成績（経済法、憲法、行政法）が一番良いくらいでした。主観は当てにならないと、多くの合格者から聞いていましたが、そのとおりでした。読者の皆様も、失敗を引きずりすぎず、5日間の試験を走り抜けてください。

最後までお読みいただき、ありがとうございました。読者の皆様の合格を心から願っています。

体験記　不安のなかで

坂本　望

学歴・職歴	平成28年	神戸大学法科大学院修了、司法修習生
	平成29年	弁護士（弁護士法人サン総合法律事務所勤務）
司法試験受験歴	平成28年	最終合格

1　はじめに

　私は、ロースクール入学前は既修コースにぎりぎり合格できる程度の勉強しかできていなかったので、ロースクールに入ってから飲み会等にもほとんど行かずに死ぬほど勉強したタイプです。また、司法試験受験中は、とてもメンタルの弱いタイプでした。ここでは、そういうタイプの私が、以下で書かせていただく方法等で、たまたま合格したというお話になります。似たようなタイプの方のお役に立てれば幸いです。

2　勉強方法について－自己流にカスタマイズする必要性

（1）　基本方針の立て方

　お恥ずかしい話ですが、私は、ロースクールに入学するまで司法試験の過去問を一度も解いたことがありませんでした。入学して最初の中間試験が終わるまでも、目の前の授業についていくのに精一杯で、具体的にどうすれば司法試験に合格できるかという意識は薄れていました。そのような中で、同じクラスのA君が司法試験に合格するための勉強方法を教えてくれる機会がありました。A君は、司法試験の合格に必要な各科目の平均点を把握して、合格者の再現答案や多数の司

法試験合格者のブログ等から合格するために必要な勉強が何かということを分析していました（現に、A君は、学部生のときに予備試験に合格し、その後司法試験も1回目の受験で上位合格していました。）。本来、合格に必要な勉強方法を分析することは自分自身でやるべきことだと思います。しかし、当時の私には情報収集や分析をする余裕がなく、他方でA君の勉強方法を聞いたときに、自然に、「司法試験はやることをやれば受かる試験なんだ」と感じることができたので、A君の教えてくれた勉強方法をベースに勉強を進めてみようと決めました。

　司法試験に向けて何をどう勉強したらいいかわからないという方には、時間があるのであれば、直近の合格者のブログや合格体験記等を見て共通して行っている勉強方法をくくりだしてみる、あるいは、私のように、周囲の人に教えてもらうという方法が考えられます。司法試験も少しずつ変わっていきますし、普通の司法試験合格者は自分が合格した後の司法試験はフォローしていないので、できるだけ直近の合格者の話を参考にしたほうがいいのではないかと思います。

（2）　カスタマイズの必要性

　A君の基本方針は、「あくまで司法試験対策として何が有用かを考え、そのために授業を利用すること。決して、逆になってはいけない。」というものでした。そのため、ロースクールの授業の予習・復習・司法試験対策の割合は、およそ8％・42％・50％というものでした。そこで、ロースクールに慣れた1年目の後期は、A君の言うとおりの方法で授業に臨みました。しかし、私は、それまでの勉強が不足していたことや、対話型の授業にとても緊張する性格だったことから、ほぼ予習なしで授業を受けると、ほとんど授業についていけないという事態に陥りました。そこで、私は、A君の教えてくれた方法とは違いますが、復習よりも予習に時間をかけるという方法で授業を受けることにしま

した。また、授業がある期間は、自分の実力では司法試験対策として特別なことをやる時間がないと分かったので、司法試験対策は長期休暇を使うことに決めました。ただ、授業で基礎知識を確認・習得するとともに、A君の基本方針に沿って、常に司法試験を意識して授業を受けるようにしていました。

　教わったやり方をまずは素直に取り入れてみるのも大事ですが、自分に合わない場合は、自分に合うように変更することも時には必要だと思います。勉強する目的は、教わったやり方を完遂することではなく、あくまでも司法試験に合格することだからです。

(3)　弱点分析や目的意識の重要性

　基本的な方針はA君の教えてくれたものでしたが、自分自身で、今の自分に司法試験合格に足りないものは何かという弱点分析をし、その対策をすることもとても重要だったと思います。特に、ロースクール2年目後期から予備校の答練を受け始めて以降、なぜ点数が伸びなかったのかを分析し、その対策をするように心がけていました。例えば、なぜ点数が伸びなかったのか→時間が足りなかった→なぜ時間が足りなかったのか→答案構成に時間をかけすぎた→なぜそうなったのか→①事案を読むのに時間がかかった→急ぐ、②知識が曖昧で時間がかかった→インプットの必要性（論証を覚える時間を確保する）、③構成を書きすぎた→骨だけ書くようにする、といった感じです。

　司法試験は、できることを増やすよりも、できないことをなくす方が合格への近道だと思います。なぜできなかったのかという原因を自分の中で細かく細かく突き詰めていくと、上述の例のように、案外それに必要な対策はシンプルなことが多かったです。今やっている勉強は何のために（何を克服するために）やっているのか、本当に今の自分にとって必要なものなのか、限りある時間の中で、きちんと目的意識をもって勉強を進めることが重要だと思います。

(4) 具体的な勉強計画の立て方

　私は、やりたいことをまず箇条書きにして、書き出したものに優先順位をつけ、大まかな時間を計算したうえで優先順位の高い方からスケジュールに落とし込んでいました（やりたいこと→優先順位→やれること）。当然、限りある時間の中ではやりたいことが全部できるわけではないので、時間内におさまらない優先順位の低いものは、はっきりと「やらない」という選択をしていました。時間内におさまらなかったものについて、どうしてもやりたいという場合は、優先順位を見直したり、一つにかかる時間を短縮してでも目標を達成できるか検討したりして、取捨選択を行いました。

　この時の取捨選択も、上述した自分の克服すべき弱点を分析し、その対策として行うという目的意識が重要です。欲張って全てをやろうとしても、それができないばかりか、無駄に不安も増します。合格のためにやるべきことは何かということを常に検証しながら勉強を進めることが必要だと思います。

3　苦労したこと
(1) ロースクールの授業と司法試験対策の両立
ア　授業のみでは足りないこと

　授業は、当然、すべての範囲を網羅しているわけではないので、自分で隙間を補わなければなりませんし、別途司法試験対策が絶対に必要です。したがって、授業を中心にする場合、①過去問をきっちり解く時間の確保として長期休暇が勝負であること、②授業で扱わない隙間を埋めるために定評のある問題集を解く必要があること、③普段から司法試験を意識して授業に臨む必要があること、の3点に注意が必要です。問題演習については、インプットが終わってから、などと思っていると一生着手できません。ある程度の基礎知識は必要ですが、

問題演習を通じて、この論点は全く知らなかった！となればそこだけ基本書等を読んで勉強すればいいですし、知っていたけど忘れていたとなれば自分の論証集を見直せばいいだけです。

　　イ　授業を司法試験に生かす工夫をすること（常に司法試験を意識して授業を受けること）
① 授業で得た知識も必要な範囲で一元化すること
　授業の復習ノートについては、授業で出てきたその論点が本番の論文試験で出た場合にどのように書くか、ということを意識して、論証の形にしていました（これを一人でやるのは大変ですので、友人と分担したり、友人から丸々もらったりしていました。）。そして、期末試験は授業で言われたことを一旦使ってみて（＝これで学内成績を維持します。）、期末試験が終わったら、授業を通じて作った復習ノートの論証を、司法試験として使えるかどうか整理し、使えそうなものについてのみ、司法試験対策用の自分の論証集に挟みこんでいました。
② 授業をペースメーカーに使うこと
　私は、授業の進行に合わせて、予習として少し関連する分野も含めて問題集を解き進めていました。また、必要があれば予習の時に基本書や百選を読むようにしていました。
　（2）　メンタルのコントロール
　実力の面でも不安はありましたが、メンタルのコントロールも難しかったです。私が本番まで何とか頑張り続けることができたのは、①泣きながらでもとにかく勉強を続けることが何より大事、②自分のメンタルを守ることを中心に考えるということを念頭に置いていたからだと思います。
　まず、一つめについては、ある合格者の方（2回目で合格）が「マイナス思考でも、泣きながらでも、とにかく勉強を進めれば前には進めるから、自分は頑張り続けた」という話をされていたのを聞いたから

です。試験に合格できるかどうかという不安は勉強することでしか解消できませんので、どんなに不安に押しつぶされそうになっても、泣きながらでも、勉強を続けました。

　二つめについては、例えば、勉強計画を立てるときも、優先順位をつける際に、多くの人がやるといわれるもので自分がやらないことが不安に感じるのであれば、それを解消できる方向で検討すること、不安でつぶれそうなときは仲の良い先輩に連絡してひたすら励ましてもらうこと、本番の直前期に新しい問題をしないこと、模試の時に本番と同じホテルに泊まってみること、本番や模試のときは周りの話を聞かないように会場を出てすぐに耳栓をすること（※本番は会場内での耳栓や音楽機器の使用を禁止されています。）などです。

4　最後に

　今まで記載したことは、私が心がけていたことに過ぎない部分もあり、すべてが完璧にできていたわけではありません。不安につぶされて勉強できない時もありましたし、年に1回は息抜きに旅行に行くこともありました。計画通りにいかなくて、計画を立て直すことも多々ありました。偉そうに書きましたが、合格発表まではずっと不安で、合格して初めて私はこのやり方でよかったのだと思えただけです。勉強中は不安だと思いますが、合格したら世界が変わります。今はとにかく試行錯誤を繰り返して自分に合った勉強方法を模索し、不安に負けずに勉強を続けてください。一人でも多くの方の努力が報われるよう祈っています。

体験記　私の合格滑り込み大作戦

中村　優子

学歴・職歴	平成25年	地方国立大学法科大学院卒
	平成28年	司法修習生
	平成29年	弁護士（リベルタ総合法律事務所勤務）
司法試験受験歴	平成25年、26年、27年	短答合格、論文不合格
	平成28年	最終合格

1　はじめに

　気持ちの良い冬晴れの空が広がるある日の午後、私は大阪市内のカフェにいました。いつもより苦めのコーヒーを飲みながら、天気とは対照的に重く憂鬱な気分で、試験結果という現実と向き合う心の準備をしておりました。

　この日は1年間の司法修習の最終テスト、2回試験の合否発表の日でした。司法試験の合格発表と同様、16時に法務省のホームページを開いて合否を確認します。司法試験に続き年に1度の、それまでの自分の学習姿勢を省みる日。朝からこんなにそわそわと落ち着かない1日を過ごすのはこれで最後にしたいと思いながら、司法試験を受験した頃を思い出しておりました。

　私は地方国立大学の法学部を卒業し、そのまま同大学のロースクールに進学、その後家族の看護や婚姻、生活拠点の移動等の曲折を経て、卒後4年目の司法試験で合格しました。少しずつ順位を上げながら、ようやく4回目での念願の突破でした。他の方よりも時間がかかってしまいましたが、今では意味のある過程であったと前向きに捉えています。

当然ではありますが、私はいわゆる天才肌ではないですし、要領の良いタイプでもありません。人一倍頑張らなければ成功を得られず、能力としてはいたって凡人です。しかし、そんな自分であることをしっかり自覚し、自身の生活状況に合った対策を追求したからこそ、なんとか司法試験を乗り切ることができたのではないかと思っております。

　それでは、大変恐縮ではありますが、私の受験生活についてこれから少しお話をさせて頂きます。あまり参考にはならないかもしれないですが、これから司法試験を受験される皆さんの一助となれば幸いです。

2　甘い見通しゆえの失敗

　私が司法試験を目指すことを決めたのは、大学3年次の11月頃でした。周囲に比べ遅めのスタートでしたので、ただただ必死に知識を詰め込み、場当たり的な暗記に頼ってロースクール入試に挑みました。そのため、進学当初は浅い理解しかなく、基礎知識を固めるのにとても苦労しました。

　ロースクール在学中は、授業の予習復習に加え、友人と答練ゼミや百選検討ゼミ等を行い勉強しました。毎週答案を書いて、友人と互いの答案を読み合った上、先輩や先生に添削をお願いして、それぞれの答案にダメ出しをいただく。おそらく、大まかな受験対策としては、一般的な受験生が行っていることと大きく変わらないことをしていたと思います。

　当時の私は、学校の定期試験をクリアして、周囲の友人たちと同じように勉強をしていたら、司法試験もどうにか乗り切れるのではないか、そんな漠然とした生温い考えで学習を進めておりました。しかし、そんなはずはありません。先に述べた通り、私は人一倍努力の必要な

凡人です。最初の受験結果は惨敗でした。一方で、一緒にゼミを組んで勉強し、毎日を共に過ごしていた友人たちは皆、優秀な成績で合格しておりました。この結果は、周りの頑張りに比べて自身の努力が圧倒的に足りなかったという、単純な理由に尽きます。私だけが取り残され、このままではいけないと強い焦りを感じたことを覚えています。

3　受かるための勉強方法への転換

　ロースクール修了後は、結婚することになったため大阪に移りました。また、平日6〜8時間という少し短時間の事務職のパートではありましたが、生活のために働き始めました。そのため、この頃からは仕事と主婦業との両立が課題となります。確保できる日々の勉強時間が2〜3時間程となり、在学時に比べ勉強に費やせる時間が圧倒的に減りました。しかし、ちょうどその頃に受験回数制限が無くなり、また勉強を続けることについて周囲の理解が得られたことから、焦らず勉強を続け受験しようと決意し、長期戦を見越した計画的な学習を進めることにしました。

　それまでとは異なり、近くに司法試験を受験する友人はおらず、ペースメーカーとしての自主ゼミもできません。また、試験までの学習時間の確保とその管理についても、改めて検討する必要がありました。そこで私は、自身の学習方針を立て直し、勉強の取り組み方を工夫することにしました。

　まず、私は今後取り組んでいくものを、過去問と予備校の予想問題に絞りました。在学中には演習本を使って答案作成の練習をしておりましたが、そこまでの時間的余裕はないと思われましたので、きっぱりやらないことにしました。また、基本書も所持しているもので対応十分と考え、新しい書籍には手を広げないと決めました。さらに、在宅時にはまとまった時間がなかなかとれないこと、なにより集中力が

続かないことから、家での自学においては時間を計って答案を書くことはしませんでした。その代わりに、年明けの時期から試験までは、週に1回予備校に足を運び、答練を受けたり自習室で答案作成をしたりしました。中弛みしないよう、他の受験生がいる環境に行くことによって刺激をもらい、受験に対するモチベーションを継続させようと考えたためです。

このように、私は合格するためにするべき最小限の内容を、学習時間も考慮した上で取捨選択してみました。そして、学習ペースも気持ちも維持した上で、試験までコンスタントに淡々とこなしていくことを心掛けた勉強に切り換えました。

なお、短答対策については、スマートフォンの択一問題アプリを利用しました。これは通勤通学の移動中や隙間時間に最適です。最近は便利なものがあるんだなぁと思わず感心してしまいました。というのも、私は短答試験の勉強が大嫌いなのです。しかし、得意でないにもかかわらず、机に座って択一問題を解くことにすぐに飽きてしまい、集中力が続きません。また、限られた1日のまとまった勉強時間を、短答対策に割くことにも抵抗がありました。そこで、電車移動などの際に択一問題アプリを開き、ゲームをする感覚で短答の過去問を解きました。帰宅後には、間違えた肢や正解したが理由が直ぐに思い浮かばなかった問いの解説を問題集で確認し、付箋やマーカーでチェックを入れます。それを繰り返すことによって、自分が苦手な分野を把握し、重点的に復習を行っていきました。思った以上に気楽に対策していくことができましたので、個人的にはお勧めの方法です。

4　受かるための発想の転換

限られた時間の中、なしうる対策でなんとか試験を乗り切りたい私は、「とりあえず合格圏内に入ること」を最終目標にしました。

従前の私は、司法試験を手が届き難くハードルの高い試験だと感じ

ておりました。実際に司法試験はとても難しいです。全部に正しく答えようとするのであれば…。しかし、合格するためには全問正解する必要まではありません。優秀な人でも分からない問題が出るのですから、凡人の私が全て上手く書けるはずがないのです。そこで私は、落とされない程度に理解を示した、「無難レベル」の答案作成を目指すことにしました。今までは、できる限り完璧に近い答案を書かねばならないと構えるあまり、検討に時間を費やし過ぎたり、記述ボリュームの偏った途中答案になったりしていました。しかし、ぎりぎりでも合格できる水準を考えると、難問に食らい付くこだわりは敢えて持たない方が得策ではないかと思いました。周囲の受験生皆が書くであろうことはしっかり押さえ、周りも書けないことは自分も書けなくて良い、ロースクールで学んだ今の知識の中で書ける範囲のものを誤りなくバランス良く書くことが大切であり、これで十分に合格を目指せるのではないか。そして、この発想を特に意識して取り組んだのが、過去問分析です。

　まず、過去問は出題趣旨と採点実感を何度も読み、特に次回出題された場合に書けないといけないもの、私には無理と割り切るものを区別しました。今できない思考は、本番であればなおさら思い付きません。司法試験は加点式ですので、難易度の高い問題に時間やエネルギーを費やすよりも、比較的書き易い問題からしっかり点を稼いだ方が、効率が良いです。そのため、難問については思考過程を確認するにとどめて書けるようになることを目指さず、あまり時間を割かないようにしました。このような区別をするにあたり、出題趣旨と採点実感は、問題文と照らし合わせながら熟読しました。出題趣旨には、問題文の読み方や答案にはこう書くべきであるという出題者側のメッセージが記されています。科目によっては、「原則論、理由付け、規範、本問におけるあてはめ、結論」という答案の型まで書かれているものもあります。

在学中には何ら意識しておらず気付けなかったのですが、司法試験は、毎年同じ思考を辿る問題が問われています。このことに気付くと、非常に高い壁だと思っていた司法試験合格が、実は意外とそうでもないかもしれないと感じられ、試験突破に対し、少しだけ自信が持てるようになりました。そして、最低でも一応の水準の答案が書けるように出題趣旨と採点実感を確認し、それを踏まえたコンパクトにまとめた答案構成をノートに書き留めていきました。類似問題が出たときに同じ思考順序で書けるよう準備し、そのノートは試験前日の就寝前まで見返しました。

5　「壁にペンキを塗るように学習する」

　これは、私が勉強をする中で心掛けていたことです。有りがちなことではありますが、基本書や問題集の序盤から全部をしっかり頭に叩き込もうと力んで読み進めますと、やはり途中で挫折してしまいます。私はまさにそのようなタイプでした。しかし、一度で全て習得しようとしない、わからなくても逐一立ち止まらずに飛ばし、その代わり二度目、三度目…と繰り返す。濃く一度塗りで終えるのでなく、薄くであっても何度も重ねてみる。このように、ペンキを塗り重ねて壁全面を綺麗に仕上げていくのと同じように、私は数年かけて少しずつ法律の理解を深めていきました。

　今でも、分からない問題に悩み手が止まった時には、一度寝かせて明日もう一度考えてみよう、と思考を一旦止めて頭を切り替えるようにしています。翌日になると、前日にはなかった発想が浮かんだり、あるいは素直に頭に入り納得できたりすることがあります。思考を中断したことをそのままうっかり忘れてしまうこともありますが、深みにはまって何時間も費やすよりも、効率的に物事を処理していくことができるのではないかと思います。

6 合格後に思ったこと

　初めての受験のときは、前日の夜に至っても、もう少しノートや参考書を見直した方が良いのではという不安と試験に対する緊張で、ほとんど眠ることができませんでした。試験数日前から追い込んだ勉強をして既に疲労が溜まっていたこともあり、連日栄養ドリンクを飲みながら、睡眠不足の状態で試験会場に向かったのを覚えています。

　一方で、合格した年の直前期は、毎日バラエティ番組や録画していた好きな映画を見ていました。決して余裕があったわけではなく、食事や家事をしながらではありましたが、オンとオフの切換えによってかえって勉強に集中でき、試験までリラックスした気持ちを保ち続けることができました。また、ロースクール入試や定期試験など、それまでは試験直前期に学習量を増やして暗記に頼る、いわゆる直前追い込み型の勉強をしておりましたが、自分に合わないので、直前期も変わらず余裕を持てる勉強計画に切り替えました。よく食べよく寝てよく笑い、心身の健康を万全にしていたことが、一番の勝因だったようにも思います。

　大切なのは、神経質になり過ぎず、なるようになるから大丈夫、という楽観さを持つことだと考えます。私が分からなかったら皆もきっと分からないはず、という図々しい開き直りと思い上がりの思考が、試験中にも動じない柔軟さを培うと思います。私の尊敬する優秀な先輩は、いつも笑いながら「わからなかったらでっち上げたらいいよ」と言っておりました。難問に出くわしたら、基本事項や制度趣旨を書いた上で、そこから導くことのできるその場で思い付いた規範を挙げて、あとは事実を評価しさらっと流したらなんとかなる。重く構え過ぎず、割り切りの気持ちも持って試験に臨まれるが良いのではないかなと思います。

7　最後に

　2回試験の合格発表から1週間後の今、私は大阪市内の同じカフェにいます。同期の友人と本を片手に、これから取り組む業務やそのための対策について話をしています。どの分野も同じとは思いますが、弁護士も一生涯勉強が必要な職業です。司法試験科目以外の法律についても早急に理解を深めていかなければならず、膨大な知識を備えなければならないことに対しては、若干気が遠くなる思いです。しかし、私は司法試験の受験勉強を通して、自身に合った無理をしない学習ペースを確立することができました。これまでと同じように取り組んでいったらきっと大丈夫、とポジティブな気持ちを持っています。改めて、私にとっての受験生活は、自分の学習スタイルを見出せた、今後の大きな自信に繋がる価値のある時間であったと感じております。

　修習生同士で勉強会をしていて気付いたのですが、人によって勉強方法や習慣が思った以上に様々でした。皆さんにも、自分に一番合った方法を見出し、気持ちにゆとりを持ってマイペースに学習を進めていって頂きたいです。

　なお、私が司法試験に合格できたとき、家族や友人が私よりも喜んでいた姿を見て、長い間それだけ大きな心配をさせていたことに改めて気付きました。そして、自身が勉強を続けられる環境にいることについて、周囲への感謝の気持ちは絶対に忘れてはいけないなと深く感じております。

　以上、まとまりなく冗長になってしまいましたが、私の受験生活についてお話させて頂きました。十人十色の受験対策のうちの一つの方法として、受け止めて頂けましたらと思います。そして、私の経験や反省、実感が少しでも皆さんの受験対策のお役に立てますと嬉しいです。心身の健康を第一に、自分のペースを大切になさりながら、受験勉強に臨まれてください。

| 体験記 | 高卒からの挑戦 |

大岸　裕介

学歴・職歴	平成26年　九州大学法科大学院修了
	平成28年　司法修習生
	平成29年　弁護士（アロウズ法律事務所勤務）
司法試験受験歴	平成26年、27年　短答合格、論文不合格
	平成28年　最終合格

1　私の経歴

　私は、高校を卒業後、進学せずに、友人の紹介で建築関係の会社に就職をしました。その当時、音楽やファッションが好きなこともあり、バンドを組むなどの音楽活動に夢中であったため、仕事はその活動費を稼ぐというくらいの位置づけでやっており、特にやりたいといった職種ではありませんでした。そのため、好きなことを仕事にしたいと考えるようになり、数年勤めましたが、洋服や音楽イベント等に携わることのできるアパレルメーカーに転職をしました。私は、この仕事を生涯の仕事とするつもりでおり、法曹界に進むなんて夢にも思っておりませんでした。

2　司法試験を目指した経緯

　私は、仲の良い友人の身に起きた法的問題を解決すべく協力したことがきっかけで、法曹界へ興味を持ちました。具体的には、友人が過ちを犯し、逮捕され、身体を拘束されてしまうというものでした。この友人は、会社に勤めておりましたので、このまま身体拘束が続けば、会社を解雇される可能性が出てきます。やってしまったことは違法で

すが、面会で会った本人は、心から反省していましたし、やってしまったことを素直に認め、捜査にも協力的でした。何より仕事を続けたいという思いが強くあるのを感じました。私はこのとき、どうにかしてこの友人を救ってあげたいと心から思いました。そして、友人の身体拘束を解いてもらうべく、その友人の兄とともに必死に保釈保証金をかき集め、自分たちで友人の保釈請求をしました。それが認められ、友人は仕事を解雇されずに済み、今でも同じ職場で頑張って働いています。

　この事件を通じて、人の人生がかかった判断を、一人の裁判官が行うのを目の当たりにした私は、裁判官という職業は、どのような人が、どうやって就くのだろうと思いました。そして、この友人のケースであれば、弁護士に委任すれば比較的容易に保釈が可能であったことを事件後に知りました。私がもしこのとき弁護士であれば、友人をもっと早期に救ってあげることができたということを考えると、法曹への興味が新たな人生の目標に変わりました。この友人の事件を通じて私は、法律家としての能力を身に着け、困った友人や家族を救えるような弁護士になりたいと強く思うようになり、司法試験の受験を決意し、社会人として働きながらの挑戦を始めました。

3　勉強方法等

(1)　法科大学院受験まで

　まず、ロースクールは、大学の卒業を要件とするところがほとんどですので、高卒であった私は、その受験資格を得るために大学を卒業しなければなりません。また、大学の一般教養科目の単位の取得によって、旧司法試験の2次試験である短答式試験を受験しようと考えていました。そのためには、仕事をしながら通信教育で大学での単位取得と、卒業の資格を取得し、それと並行して、司法試験に向けた学習

をしなければなりませんでした。しかし、大学の通信教育課程では、司法試験の対策とはなりません。法律について全くの素人でしたので、司法試験の対策として、これも通信制で、予備校の旧司法試験対応の講座を受講しました。

　このときの勉強は、仕事へ出勤する数時間前に起床し、DVDの授業を受け、これに対応するテキストを読むというものでした。この学習では、基礎的な法律用語や法的概念の理解を学ぶことができました。職場では店舗の責任者等をしており、仕事が忙しく勉強時間に使える時間が少なかったため、司法試験の過去問等の演習をしている余裕はありませんでした。しかし、司法試験がどのようなものかを知るために、過去問にはできるだけ早期に触れたほうが良かったと思います。例えば、その日、勉強した部分に該当する短答式過去問を検討し、問題演習を絡めながら講座を進めて、司法試験の問題という形に慣れておくほうが、実戦を意識することができるため試験対策としては有意義であると思っています。あらゆる試験において、過去問を検討することは必須であると思いますが、大学受験すら経験のなかった私には、勉強の要領をつかむことがなかなかできず、知識もないのに、まとめのノートを作ろうとしたり、論証を暗記しようとしたり等無駄なことばかりやっていたように思います。

　私は、ロースクールの費用を出来るだけ抑えるために、国立のロースクールの既修者コースに受験を絞っていたため、このときの学習は、旧司法試験の受験と既修者コースの受験に合格するための位置づけで行っていました。法科大学院の試験は、論文試験のみの場合も多いため、旧司法試験の論文対策のようなことも併せて行っていました。具体的には、旧司法試験の過去問の検討と講座で用いるテキストの読み込みでした。働きながらで、大学の単位をとることとの並行であったため、勉強を始めた4年後に大学卒業資格を取得し、さらにそこから2

回目の受験で、希望する法科大学院に入学することができました。

受験経験を振り返って考えると、短答式試験がない法科大学院の既修者コースへの入学にあたっては、各科目1冊決めた教科書を読み込みながら、旧司法試験の論文過去問を演習することが有効だと思います。

(2) 司法試験受験

結論から言うと、私は3回目の受験で司法試験を合格することができました。

まず、法科大学院に入学した後、今までに使ってこなかった、基本書を読むことを始めました。その理由は、基本書を学部のときに既に読んで基礎を学んできた同期の友人が圧倒的に多く、そういった人たちが自分より、はるかに知識を確実なものにし、上をいっていると感じたからでした。私は、これまで、すべて通信での学習で、受験仲間もおらず一人で勉強してきたため、お手本とできる人がいませんでした。そのため、法科大学院入学にあたり、勉強方法等に変なプライドを持たず、優秀な人のまねを徹底的にやろうと考えていました。

使用する基本書の基準としていたことは、売れている本であることと、分量が少なくコンパクトにまとまっているものであることでした。売り上げは、信頼の基礎になりますし、薄い本は比較的価格も安いものが多い点もメリットだと思います。また、単に文字を読むのが苦手な私には、薄い基本書なら何度も読み返すことができ、知識を定着させるのに自分にあっていました。

司法試験は、短答式試験の合格基準に満たない場合は、論文試験の採点がされないことになっているので、絶対に落ちるわけにはいかない短答式試験の対策にはじめは重点を置いてやりました。主に予備校の過去問問題集を使用していました。過去問は法務省のホームページよりプリントアウトできますが、各問題の解説があった方が、復習に時間がかからず短時間ですむため、過去問の問題集は持っておいた方

が良いと思います。そして、それをもとに、過去問をプリントアウトし、制限時間内で過去問を演習するという方法を何度も繰り返していました。また、そのような演習をしながら、判例六法に過去に出題された条文と判例にマーカーを引き、過去問の総復習を短時間でできるようにしていました。このような方法で、短答式試験が7科目あったときから合格基準に満たないということは一度もありませんでした。

　論文試験の対策は、各科目1冊の演習書と過去問の検討が中心でした。演習書は、司法試験で問われる可能性の高い重要な論点について網羅的に知識を確認することができ有意義であると思います。ただ、この手の演習書は、山のように出版されていますので、あれもこれもと手を出しすぎてしまうと、結局消化しきれず基礎知識の定着がうまくいかない可能性があると思います。実際私も、いろいろ手を出しすぎて、気づけばどれもまともにこなせていなかったという経験をしました。これは、受験が複数回となってしまった原因の一つだと思います。売れており評判の高い演習書は、それなりの理由が必ずあると思うので、周りの友人や受験生から情報を集め、これだという1冊をとことんやりこめば良いと思います。

　論文試験対策で必ずやるべきだと思っているのは、過去問を実際の時間で解答する練習です。ただ答案を書いただけでは意味がありませんので、一緒に勉強できる友人がいるなら見てもらうのが良いでしょう。ここで、1番効率的なのは、よくできると周囲の評価が高い人やロースクールの成績が良い人に答案をみてもらうこと、また、そのような人の答案を見せてもらうことだと思います。しかし、私の仲の良い友人には、残念ながらそのような人はいませんでした。受かるためには、仲が良い友人でなくとも頭を下げてでもそのような人に答案を見てもらえ、という人もいますし、それができる人もいます。しかし、実際そのようなことを実践するのは難しいかと思いますし、誰もがそのようなことをできるわけではありません。しかし、優秀な人の答案

は、ブログでアップされていたり、予備校の優秀答案集に掲載されていたりと入手する手段は他にもあります。要は、合格水準に達する答案のイメージが持てれば、そのような答案を作成するための勉強ができるため、方法はどうあれ、自分の環境に合わせて情報を入手すれば良いと思います。また、予備校の模擬試験等を利用すれば、一応合格者に答案を見てもらう機会は作れます。私は、そのような方法で、合格答案のイメージができるようにしていました。そして、過去問の演習をしては、自分が理想とする優秀答案と比較するということを繰り返し、弱点を明確にし、その克服に努めました。私は、複数回受験ではありますが、本試験でも模擬試験でも、毎年、成績が上がっていっていたので、勉強の方向性としてはある程度間違わずに進めたのだと思います。

4 苦労した点

　私は、すでに述べたように、ロースクール入学までは社会人として働きながら、勉強していましたし、浪人時代も、アルバイトをして生活費や、模擬試験等の費用を工面しながらの受験生活でした。このような環境の中で受験勉強をしている方は、たくさんおられるかと思います。まず、大変なのは、勉強時間の確保だと思います。私は、苦手でしたが、早い時間に起きて勉強時間を確保していました。これは、根性と強い意志さえあれば誰にでもできます。司法試験の受験生は、かなりの時間勉強して臨む人がほとんどなので、勉強時間をできるだけ確保することは、必須といえます。このような方法だけに限りませんが、これだけは合格するまで継続していくという方法をみつけ、勉強時間を積み重ねれば、たとえ受験生として良い環境とは言えなくても、必ず合格が見えてくる試験だということを私は体験しました。

　その他で苦労したのは、一人で勉強せざるを得なかった時期が多かったことです。しかし、すでに触れましたが、今はインターネット等

を利用し情報を入手することが可能です。また、モチベーション維持は、合格者や、実務家の方々を見て心の底から法曹にあこがれることで維持していました。先輩と交流を持てればそれが良いかと思いますが、私の周りには気軽に会える合格者はいませんでしたので、実務家の方や合格者のブログを見たり、法曹が活躍するドラマを見たりするなどして、必ず自分も法曹になると何度も決意しなおしモチベーションを維持していました。また何より私は、友人の事件を思い出し初心に帰ることで絶対にあきらめないという気持ちを持ち続けました。さらに、私は、自分の家族や友人に司法試験に合格するとの決意を宣言しまくっていました。応援してくれる人、やめろという人様々ですが、応援してくれている人には合格を報告したいと思えますし、そうでない人には、今に見とけよとの思いで挑戦することができたので、このような方法でモチベーションを維持するのも方法の一つだと思います。

5 最後に

　現行の制度は、より幅広い人材を法曹界に送り込むことを目的の一つとしております。私のように、高卒で全くの異業種からでも参入が可能となりました。仕事をされている方でも直ちに仕事を辞める必要はなく、自分の環境に合わせて法曹を目指すことができます。

　私は、夢をかなえ現在、弁護士をしております。仕事は大変ですが、やりがいがあり、アパレル業という自分の趣味の延長で好きなことを生涯の職業とするより、困っている自分の大切な人を救うことのできるこの職業を選んで本当によかったと思っております。興味はあるが、一歩踏み出す勇気が出ない、合格できるか不安だ、というような方がいらっしゃれば、私のような者もいるということを知っていただき、少しでも背中を押す手助けや、不安をやわらげることができれば幸いです。

| 体験記 | ハーバード大学LL.M.取得者が挑戦した司法試験 |

吉﨑　眞人

学歴・職歴	昭和58年	立命館大学法学部卒
	平成3年	ハーバード大学ロースクール修士課程（LL.M.）修了、同年松下電器産業株式会社（現パナソニック株式会社）法務部門勤務
	平成20年	同志社大学法科大学院修了
	平成26年	関西学院大学法科大学院修了
	平成29年	弁護士（ベリーベスト法律事務所大阪オフィス勤務）
司法試験受験歴	平成20年、21年、22年	短答合格、論文不合格
	平成24年	予備試験　短答合格、論文不合格
	平成25年	予備試験　最終合格
	平成26年、27年	短答合格、論文不合格
	平成28年	最終合格

第1　司法試験の合格まで

1　私の経歴について

　私は、社会人経験者であり、本体験記執筆時点では一般企業の定年に近い年齢である。少し毛色の変わった体験記である。これから、私の受験の経緯にまで振り返ってみることにする。これまでの私の経歴は見方によっては輝かしいものかもしれない。

　私は、大学卒業後公務員生活を約7年経験後、授業料及び生活費全額

給付の国際ロータリー財団大学院課程奨学金を獲得して、ハーバード大学ロースクール修士課程に入学、翌年に、同修士課程を修了し、LL.M.を取得した。その後は、国際法務実務に強い志向があり、帰国後、松下電器産業株式会社（現パナソニック株式会社）法務部門に入社、在職中は、コダックやフィリップス社との合弁契約・交渉、初代プリウス基幹部品についてのトヨタ自動車との製造会社合弁契約の起案、GM・Fordとの契約交渉など、欧米諸国への出張も多く、国際法務職能としては、まさに日本で最先端の国際法務に携わっているという自覚もあった。

　しかし、国際法務職能として15年ほど経過した時に、やはり、自分の積み上げてきた専門職としてのストックが枯渇していることを深く自覚することになる。たしかに、法務の仕事に就いていることは大学時代に抱いた理想には近い。しかし、法律の専門職とは、突き詰めてみると、私の中では、司法試験に合格した法曹というものであった。企業の中で、法務専門職能として、限られた時間の中でも実務を通じて知識ストックを上手に積み上げて成功している人も一定数いる。尊敬に値する。でも、自分はその域には及ばない。学生時代からのあこがれであった弁護士になると決め、会社を退職し、法科大学院に入り、司法試験の勉強をすることにした。

2　司法試験への挑戦と挫折

　いよいよ、司法試験への挑戦である。
　過去にハーバード大学のLL.M.学位取得者が挑戦した司法試験の結果はどんなものか。弁護士が数年して欧米のロースクールでLL.M.を取得する例はよく聞くけれども、逆はどんな結末になるのだろうか。また、はたして、そんな例があるのだろうか。

いずれにしても、一見優秀で頭が良さそうだから難なく合格しているのだろうか。そんなこんなで、いろんな興味を掻き立てるかもしれない。

　結論から言うと、私は、今回の司法試験合格に至るに、実に6回司法試験を受験している。本当に、試験結果は正直である。その時点で司法試験に向いていて優秀な人は試験に合格する。逆に、そうでない人は合格しない。当然のことであるが、私は、合格するまでは、紛れもなく、後者だったのだ。

　振り返れば、法科大学院終了後3回の受験の権利喪失までは、私自身の感覚では、必死に努力したのに何が何だかはわからないまま時間が過ぎていたという気持ちだった。成績も3回を通じてほとんど向上しなかった（当時は、受験回数制限が3回までだった。）。

　もちろん危機感は常にあったのであるが、どうすればいいか途方に暮れていたのだろう。当時の自分は、合格のコツに気づくことができないで、試験問題の高度な分析こそが試験対策につながると信じ、試験問題の検討に突き進んだ数年間であった。

　そのような悶々としている中で、ダメかな、働こうかなと思い始めたころ、別の法科大学院で再度試験に挑戦する機会があり、同時に、しばらくして司法試験予備試験を受験する中で、予備試験に最終合格することができた。

　そうなると、この時は、自分は、予備試験に合格できたのだから今度こそは司法試験は絶対に大丈夫だと、確実に、信じていた。しかし、こともあろうか、ここからまた合格までに3年を要することになった。この3年はなぜなのだろうか。

　その時は、その原因はわからなかった。しかし、今、その原因を振り返ると、予備試験の問題は短いから決まったことしか要求されていないので、決まったことを素直に書けばいいが、司法試験合格には問

題も長く難易度が高いからやはり相手を感心させるほどの高度な議論を論理的に展開することが必要と考えていたことにあったのだと思う。

　いよいよ、困ったことになってきた。ここまでくると、アルバイト生活も並行して行うことになるが、精神的にはズタズタである。これまで、見方によれば輝かしい実績をあげた自分ともあろうものが、こんなに一生懸命やっているのになぜ結果が伴わないのか。

　挑戦を決断した当時には、2年もやれば司法研修所に行って、弁護士になり活躍していると思い描いていた自分の姿は遠くなりつつある。ただ、不思議と、私は、この時の状況に対して絶望感は感じなかった。そう感じる暇がなかっただけかもしれないけれども、たしかに言えることは、社会の中に埋もれ法の手助けを求める人たちへの支援が自分にできる可能性があるという気持ちを持ち続けていたことと、法曹という仕事への強い好奇心と法律の勉強がなぜだか好きだったことが救いであった。

3　そして合格、今後の想い

　忘れもしない、平成28年9月6日、その日は、講師の仕事で、奈良県内の大手企業の英語研修会場へ向かっていた。発表時刻の夕方4時は阪神地区では雷と突然の豪雨が続いていた。

　通勤途中の駅のホームの待合室に入り、スマホからやっと通じた法務省ホームページの司法試験合格者番号に自分の番号を見つけた。同時に、かすかに、遠くで雷の轟音を聴いた。

　自分の番号を見つけたときは、なぜか感激はなく、ホッとして仕事に向かったことを覚えている。止まっていた時間が再び動き始めた瞬間でもあった。その後、徐々に嬉しさが込み上げてきた。

今回、私の体験談に少しは意味があるとすれば、それは、この体験記を通じて、私見ながら、司法試験とはどんな試験で、どのように対策をとればいいか、そこでは過去の経歴や頭の良さはあまり関係ないことを、お伝えし、同時に、私を反面教師として、この体験記を読んだ人達が、これから述べる「合格の秘訣」を参考にした対策をとる機会となることである。当然だが、司法試験突破で、短期合格に勝るものはない。

4　私にとっての司法試験

　私にとっての司法試験はどのようなものだったのか。私の受験経験は、当然ながら順風満帆ではない。司法試験は残酷な試験で自分の周りの家族にも心労をかけることもある。もとより楽天的な性格の私でさえ、不合格であった間に亡くなった父親の墓前に、試験合格後に、司法試験合格の知らせをしたときは、なぜかわからないが自然と涙が出てきた。それがどういう感情からなのかは、私自身もいまでも分からないけれども、それは、うれしいという気持ちではなく、なにか、無性に悔しくてまた情けなくてまたいとおしくて涙したのかもしれない。いろいろな司法試験合格の形はある。これも一つの形ではあると認めていただければと思う。正直にいうと、私にとっての司法試験の総括は、この場面に象徴される。

第2　最短合格の秘訣

　このテーマで文章を書くことは場違いかもしれない。しかし、逆に、多数回受験者だから掴んだ秘訣はあると思う。単純なことかもしれないがこのことが真に分かっている人は受験に強い。一番大切なことは、以下の3点である（といっても私見なのでご参考までに。）。

1 試験対策範囲を絞り込むこと

　まず、各科目対策する学習項目を絞ることである。

　司法試験は相対試験であり皆ができない項目では一切差がつかない。逆に、皆が普通に書ける項目でできないとその科目では致命傷になる。

　最終的に、私は、『趣旨・規範ハンドブック（〈1〉公法系、〈2〉民事系、〈3〉刑事系）』シリーズ（辰巳法律研究所）という受験書籍の受験各科目の記載範囲を超える項目はやる必要がないと決めていた。結果、難易度的及び時間的にいわば合格効率が倍増し、一気に成績が上がった。法科大学院等で学んだ先端の議論に大いに悩む時間をとることはありえる。正直、楽しい。しかし、受験生である限り、その時間は制限し、そこから得た発想を先のまとめ本に短くメモする程度で切り上げる決断が、不可欠である。

2 司法試験問題には書いて欲しい正解が必ずある

　次に、司法試験問題は、あらかじめ正解がきまっていて、答案に正解を書くことである。

　最終的に、自分は次のような考えだった。

　「競争試験には採点基準がある。ここを書けば何点とか点が振られている。解答筋は複数筋あるとして、試験委員はこの筋をメインで予測していると分かればそれを書くべし。」

　驚くべきことかもしれないが、おじさん受験者の私は、長年、司法試験は試験問題を通じた試験委員とのいわば知的格闘の場と勘違いしていた。その問題に対して試験委員を唸らせるような先端の議論等を織り込んで出来る限りの完璧な論文を仕上げる場と思っていた。

　しかし、司法試験受験は、だれでも書くあたりまえのことを、論理矛盾なくあたりまえに書いていることこそが、各科目合格水準以上の

得点（時には高得点）を得る王道なのだ。考えてみれば当然ながら、時間制限がある司法試験では、最先端の議論を書けたとしても、時間的に誰でも書ける各基本部分の論述が相対的に多くの他の受験生（合格者候補）よりも薄くなることは避けられない。つまり、正解のある司法試験において、そのような最先端の議論に拘泥して答案を書く人の合格確率は、決定的に低くなるのである。

3 とにかく素早く多数回繰り返すこと

さらに、そのようにして絞った範囲の司法試験受験対策教材をとにかく繰り返すことである。

司法試験の天王山である論文試験は、論述式である。出題される課題の解決に意味のある論理的な文書が表現されなければならない。この困難な要求に対しては、旧司法試験程度の各問題につき事案解決までの論述が自然に復唱できるまでに、教材を繰り返すことである。

例えば、司法試験民法の平成28年第1問は、相続と無権代理やその場合の代理権の追認等が問われていて、旧司法試験程度の問題をやりこんでいた人、つまり、自然と暗唱できる程度までに教材を繰り返し復習してきた人にとっては、問題を見て一瞬に答案構成が思い浮かぶようになっていたはずである。

もちろん本当にその問題と自分が馴染んでいる問題と同じなのかは見極めが必要で、その見極めはとても重要となるが、そのためには、模擬試験や問題演習を経験することで見極めの相場観ができる。今の司法試験は、そんなに高度な問題は出ない傾向にある。合格した年の司法試験では、自分の感覚では、ほとんどは、自分が馴染んできた問題の処理手順を、解答で、生かすことができた。

第3 最後に

　振り返ってみると、現在は弁護士となり、私が司法試験に合格したのは随分前だったような気持ちがする。今回、この試験に挑戦していた当時の私自身の気持ちをストレートに表現する機会を与えて下さったことに感謝申し上げる。

　そして、つくづく、最近思うことは、司法試験に合格しなければ経験できないことを合格後に体験できていることは、とても貴重であるということである。

　たとえば、法曹界に思いを持つだけでは、裁判官が裁判官室で何を思い思考を巡らしているか、検察官の事案処理の態度とはどのようなものか、及び弁護士のお客様への対応はわかりようがない。

　裁判官室で見た裁判官の分析の頭脳明晰さとその中での苦しみや悩み、検察官の個々の事案の関係人への配慮と事案解決に通底する正義感、及び弁護士の顧客へ向けた迅速な事案処理は、合格後司法修習生に採用され、実務修習の中でそれぞれの分野ごとの実務法曹に巡り合えて、現実に実感できるものである。私は、関係する法曹各位の努力に感動し、時に心揺さぶられる経験をした。試験合格の後に、そのような体験を重ね、本当に、司法試験に合格できてよかったと実感した。

　法曹として活躍することを希望する人は、司法試験合格が当面の目標と思う。情熱を持って、この文章を読んでくださる方ができないはずはない。私も、負けずに、人生で良かったこともそうでないこともすべての経験を糧に、クライアントから信頼される弁護士となるよう日々努力を続けたい。

　つたない内容でしたが、私の合格体験記をお読みいただき有難うございました。司法試験対策のご参考になれば嬉しいです。

| 体験記 | 司法試験合格に向けた勉強法
－勉強法を模索することの重要性について－ |

吉原　秀

学歴・職歴	平成28年	東京大学法科大学院修了、司法修習生
	平成29年	弁護士（弁護士法人大江橋法律事務所勤務）
司法試験受験歴	平成28年	最終合格

1　はじめに

　この度、短いながら司法試験に向けた勉強法について考えを述べる機会を頂きました。

　今回、司法試験合格者という立場で書かせて頂くにあたり、生意気なあるいは偉そうなことも申し上げるかもしれませんが、それは、読んで頂いた方に少しでも多くのことを「思うままに」伝え、参考にしていただければという思いから出たものですので、どうかご容赦ください。

2　勉強方法を考える－自分にとって最適の勉強方法とは

　私が予備校で指導してきた経験も踏まえると、司法試験の勉強に苦戦している方に多く見受けられるのが、自分の勉強法は正しいという盲信や、勉強法を意識せずに漫然と勉強を継続しているという状態であるような気がします。この点は、「私はそんなことない！」と思った方でも、一度立ち止まって考え直してみてください。

　また、これから本格的に司法試験等に向けた勉強を開始される方も、一年ほど経過した時点で、一度自身の勉強法を見つめ直す機会を意識

的に設けて欲しいと思います。

　この度、勉強法について書かせて頂くにあたって確信をもっていえることの一つが、「誰でもこうやって勉強すれば受かる」といういわば王道たる勉強法は存在しないということです。当たり前のことのように思われる方も多いかもしれませんが、これの意味するところは案外大きいのです。

　例えば、各種予備校が、予備試験合格者や司法試験合格者の数、さらには短期合格者の数を宣伝する場合がありますが、この宣伝をそのまま真に受けると、その予備校の指導に従っていれば、自分も短期で合格できる気がしてしまいます。

　しかし、どんな予備校でも、その受講生の全員が合格するわけではないですし（受験者数をベースとした司法試験の合格率からすれば、むしろ大半が合格まで到達できないのではないでしょうか）、その予備校から短期合格者が輩出されたとしても、その合格者が極めて要領のよい人物であった可能性や、当該予備校の指導がその合格者にとって「偶然」最適だった可能性もあります。

　そうであるとすれば、その予備校の指導に従っていれば、あるいは短期合格者が説くような勉強法を真似すれば、自分も合格に近づく、ということには必ずしもならないわけです。

　しかしながら、案外他人の勉強法を真似したがる受験生は多いように感じられ、こういった姿勢の受験生は、上述した「王道の不存在」に対する認識が甘い場合がほとんどです。

　そこで、司法試験・司法試験予備試験の論文式試験に、「確実に」合格する能力を身につけようと改めて考えてみてください。すなわち、「短期で」合格する勉強法ではなく、受験生各々にとって、自身が「確実に」合格する方法を模索してみるということです。

　さて、司法試験や予備試験の論文式試験において問われる内容は多

岐にわたっており、条文の知識や操作、判例及び学説の理解、論理を展開する能力、日本語能力など挙げればキリがありません。こういった雑多な能力を限られた時間の中で身につけるためには、「自分にとって最適の」勉強法を確立することが必須なのであって、その勉強法は、会ったこともない短期合格者の勉強法や、予備校が受講生に対して一律に提供する学習法、あるいは周囲の合格した先輩の勉強法と一致しない可能性が十分にあるわけです。

　また、たいていの人には得意・不得意があります。例えば、暗記が得意な人と苦手な人で最適な勉強法は異なるでしょうし（ちなみに私は暗記が極めて苦手です…）、自分の考えを日本語で表現するのが得意な人と苦手な人でも最適な勉強法は異なるでしょう。これは、各々が克服しなければならない課題が違うのですから当然のことです。その他にも、書くのが早い人と遅い人、論理を組み立てるのが得意な人と苦手な人など、これらのタイプもまた、挙げればキリがありません。そして、自分はいったいどういうタイプなのか、自分に何が欠けているから点数が伸びないのかということは、自分にしか分かりえないのですから、弱点や課題の分析を経て、自分に合った勉強法を見つけられるのもまた、自分自身ということになります。この点を看過して、安易に他者の勉強法を真似して勉強を継続することには大きなリスクがあるということが、今回、私が、この文章を読んでくださった皆様にお伝えしたいことの核心です。

　私は、学部4年生の頃に、当時通っていた予備校の答練で、8点（50点満点）を連続してとったことがありました。今思い返せば、この強烈な体験が私の勉強法を大きく変えた契機でした。

　当時の私は、法科大学院入試に向けて、主に旧司法試験の過去問を解き、それを何度も回すという勉強をそれなりに一生懸命やっていま

した。この勉強法は法科大学院に合格していった先輩方を見ていても、まさに「王道」に見えた勉強法でした。

　しかし、そういった勉強を日々行いながら受けた答練の点数は8点でした。1回目の8点は、民法94条2項類推適用に関する問題であり、民法の最初に習う総則分野の問題すらろくに答案が書けなかったことにひどく落ち込みました（2回目の8点は、8点を2回連続でとったのが相当きつかったのかどういった問題だったかすら記憶にありません…）。

　その答練を機に、「何か勉強法がおかしいのではないか」と考え、当時の私は、「個別の論点や法制度・条文の理解を軽視し、論証パターンや書き方を覚えているに過ぎない」ことが敗因であるという結論に至りました（ただし、論証パターンを作成し、覚えること自体は勉強の方法として有用であり、論証パターンそれ自体を否定する趣旨ではありません。）。

　それに気づいてから、いわゆる典型論点や重要事項について基本書で一つずつ確認していき、場合によっては自分なりの論証パターンを作成する勉強を始めました（それまでは予備校が作成した論証パターンを正に丸暗記する作業が勉強であると思っていました。）。この作業は、法科大学院に進んでも続き、気づきがある度に既存の論証を見直し、修正するということを繰り返しました。多いときには、一つの論点・項目について10冊以上の基本書あるいは文献に当たることもありました。

　このようにして一つずつの内容を深く理解しようと心掛けたのであり、これが、平成28年司法試験に上位で合格できた要因だと確信しています。

　この勉強法は、私のように、「腑に落ちないと覚えられない」タイプには適した勉強法であるように思いますし、（基本書レベルではあれ）深く理解できてくると勉強が楽しくなってくるという特典までついて

きました。また、基本書を読むのが苦ではなくなってくると、その次のステップとして学術論文や個別の判例評釈へと手を広げることもできるようになっていきました（なお、司法試験の勉強において学術論文や判例評釈を用いる場合には、闇雲に読み漁るのではなく、典型論点や重要判例に関するものに絞り、かつ権威ある文献に限定して読むのがよいと思います。うまく手を広げれば司法試験受験時に、出題の元ネタとなったであろう論文が推察できる場合もあります。）。

　もっとも、この勉強法もまた、万人向けではないのです。問題演習を数多くこなして力をつけていくタイプの方もいるでしょうし、暗記が得意なため、掘り下げて理解しなくても自分の力で適宜応用して答案が書ける方もいるでしょう。ここまで簡単に述べてきた私の勉強法はこういった方には適していない勉強法かもしれません（また、短期合格しか目指していないという方にも向いていないかもしれません。）。

　ただ、先ほどから述べているように自分に適した勉強法は、自分にしか分からないのですからこれを模索することはやはり重要でしょう。自分のタイプや普段の失点原因・弱点を分析せずに、人の勉強法を真似しても合格から遠ざかってしまうことすらあり得るのではないでしょうか。自分に最適の勉強法を確立することは、「確実に」司法試験に合格する上では必須であるように思います。特に、勉強に行き詰まりを感じておられる読者の方や司法試験の論文式試験について点数が伸び悩んでいる読者の方に、司法試験合格までの時間の短縮だけでなく、合格の確実性を高めるということもまた重要なのではないかという点を意識して頂ければ、今回筆をとらせて頂いた意義は十分に達せられたと思います。

3 「過去問検討」についての疑問

紙幅の許す範囲でもう少し勉強法について思うところを書いてみようと思います。

まずは、受験界で「王道」とされていると感じる勉強法の一つである「過去問検討」についての疑問です。

先に結論から申しておきますと、私は周囲の学生と答案検討会をする目的で特定の科目について1～2年分の問題を解いた以外、過去問は解いていません（なお、選択科目の倒産法だけは、法科大学院での成績が悲惨であったことと、演習に適した問題が少ないことを考慮して全年分目を通しましたが、やはり時間を計って解くということはしませんでした。）。

他方、周囲を見ていると受験生の大半が過去問検討に多くの時間を費やしているように思います。

しかし、司法試験の論文式試験問題は、試験時間が2時間であるため、答案を作成するだけで2時間かかります（書ききった後の疲労感ゆえに、一旦コーヒーでも買いに行くか…といった感じで休憩する時間も考慮すれば、2時間半は費やすことになります。休憩中に友人に遭遇し、雑談でもしようものなら時間はあっという間に過ぎていきます…）。

さらに、出題趣旨と採点実感も、丁寧に読むのであれば、1時間では消化しきれないことが多いのではないでしょうか。

そして、再現答案を読んだり、わからなかった点を調べたり、周囲の仲間と勉強会を組んだりして答案を相互に検討していると（勉強会の中ではついつい雑談もしてしまうのが常でしょう…）、1つの問題を処理するのに6～7時間要することもざらかと思います。

仮に6時間とすると、選択科目を含めれば8科目×13年分ですから、$6 \times 8 \times 13 = 624$時間を費やすことになります。これは、1日10時間勉

するとして、2か月を超える時間です。

　しかし、過去問はそのまま再度出題されるということは考えにくいのに、それにも拘らずそこまでの時間をかけて演習する意義は果たして本当にあるのでしょうか。

　例えば、直近数年分について、問われている内容・問題の量や、何を求められているのかを把握すべく、出題趣旨や採点実感を読んでみるのは有意義でしょうが、「過去問は解いておかないと…」という強迫観念のみを理由に過去問検討に取り組んで、消化した時間に見合った何かを本当に得られるのでしょうか…。

　以上の観点から、私は過去問の検討はあまりしませんでした。およそ600時間もあれば、苦手科目の克服や、読んだことのない書籍に手を広げたり（ちなみに、600時間という時間は、私のペースでいけば、ゆっくり進めたとしても基本書あるいは演習書を18冊分は消化できる時間です。）、あるいは自分なりのまとめ教材を作るなど、もっと有意義な勉強ができるのではないでしょうか。私は、重要論点を中心に、基本書・演習書を中心に読み、そこで得た理解に基づいて、自作の論証を作成するという勉強を淡々と繰り返しました。

4　基本書・演習書等の利用法

　最後に、基本書・演習書等の利用法についてです。

　確かに、「手を広げない」というのは、大学受験、もっと遡れば中学・高校受験においてもいわば「鉄則」とされていたように思います。

　しかし、この「鉄則」は、手を広げ「過ぎて」、全ての勉強が中途半端になることを戒めるものであって、多くの書籍や問題集から学ぶことそれ自体を悪とするものではないように思います。

　そうであるとすれば、手を広げたとしても、それが情報として一元化されるなどしていれば、一つ一つの知識・理解や論証が精緻化され

るのですから、勉強法として優れているのではないかと考えたのです（学部3年次の終わり頃だったと思います。）。

そして、「これ一冊読めば司法試験に対応できる」という書籍は、どの科目についても存在しないように思うので、頻出論点や、重要な条文・法制度について複数の基本書や演習書、あるいは法律雑誌の連載などを活用しながら、一見時間がかかりそうでも、一つ一つを正確に、深く理解することを心掛け、その日に当該文献から得たことをまとめ教材等に一元化するということを続ける、というのが、私が思う基本書等の有用な使い方の一つです。そして、複数の文献に当たっている中で、細かい論点等に出会うこともありますが、司法試験の論文式試験で問われてもおかしくないと思えば、私はその都度、まとめ教材に論証化して一元化していました（実際、その内容の一部が会社法や刑訴法、倒産法の論文式試験に回答する中で得点に結びついたように思います。）。

5 おわりに

以上、勉強法について思うところを書かせて頂き、紙幅の都合もあって、抽象的な内容も多くなってしまいましたが、読者の方の勉強の一助になれば、望外の喜びです。

第3章　司法試験体験記　　　177

| 体験記 | 勤務しながら5回目で合格 |

木村　吉宏

学歴・職歴　　　平成6年　　上智大学法学部国際関係法学科卒
　　　　　　　　平成8年　　特許業務法人不二商標綜合事務所勤務
　　　　　　　　平成25年　 筑波大学法科大学院修了
　　　　　　　　平成29年　 司法修習生
司法試験受験歴　平成25〜27年　短答合格、論文不合格
　　　　　　　　平成28年　　不受験
　　　　　　　　平成29年　　最終合格

1　はじめに

　私は大学の法学部を卒業の後、弁理士とりわけ商標の仕事に興味が湧き、商標専門の特許事務所に運よく入所しました。すぐにでも弁理士試験に合格する触れ込みでしたが、なかなか合格することができず、そろそろ後がないという状況で、2000年（平成12年）に6回目の受験でようやく合格することができました。

2　ロースクール入学

　商標弁理士としての仕事は楽しく、毎日やりがいを感じて過ごしていました。そのような中、特許庁の処分に不服を申し立てる訴訟や、時には弁護士の先生と一緒に侵害訴訟に触れるなどの機会もあり、自然と法曹の資格に目が向くようになりました。

　法曹の資格を取得してさらに発展的に仕事に取り組むべく、2010年（平成22年）に夜間の社会人向けのロースクールへ通い始めました。仕事を続けながら資格試験を受験する経験はあったことと、新司法試

験で合格者数も増えたことから、当初は司法試験をやや安易にとらえていました。しかし、ロースクールの授業（火〜金曜の夜間、土曜の日中）の準備が忙しい上、復習もままならず、そのうちに定期試験の時期がやってきて対策に汲々とするという、なかなかつらい学生生活が待っていました。カリキュラムをこなして単位取得を目指すのが精一杯という情けない状況で、卒業後の司法試験へ向けた計画的な準備も行えませんでした。

　もちろん、そのような中でもきちんと勉強をこなして優秀な成績を修め、すぐに司法試験に合格するクラスメートもいました。そのような人たちには頭が下がりますが、ともかく私も最後の受験機会で合格することはできましたので、司法試験も普通に努力して受からない試験ではないということです。

3　ロースクール卒業後

　何とかロースクールを卒業し、司法試験はその年から挑戦をはじめました。択一試験を通ることが、受験生としての最低限の資格のような気がしていましたので、7科目あったこともあり、択一試験の準備にはやや力を入れていたと思います。その結果、択一試験はクリアできましたが、論文試験では力が及びませんでした。論文はまさに力不足といった感じで、大概が時間切れで尻切れトンボな答案となっていたように思います。

　その後、さらに2回連続不合格となってしまうわけですが、択一試験をクリアすると、論文がどのような手ごたえであっても、最終合格しているのではないかと夢想し、最終合格の発表まで身を入れた勉強ができない結果、次の本試験までの準備期間を無駄に浪費し、結局また準備不足で不合格の憂き目を見る、という、職場の人には怒られそう

な経緯をこの間繰り返してしまったように思います。

　最終合格発表まで身を入れた勉強ができないと、すぐに内容を忘れますし、そのリカバリーに時間がとられます。不合格には原因があるはずなのに、新たに計画立った勉強への切り替えもできず、おそらく7か月程度の期間で忘れてしまった分のリカバリーと、わずかな実力の積み上げしかできないまま、受験回数ばかりが増えてゆくという悪循環に陥りました。このような悪循環は、何も社会人受験生に限ったことではなく、複数回受験を重ねる受験生には広く当てはまるのではないでしょうか。

4　最終合格

　以上のような苦労といえば苦労を経て、続く4回目の試験も受験するつもりでしたが、その頃から仕事がどんどん忙しくなり、勉強の方が疎かになってしまいました。仕事は充実する一方、おそらく頭が勉強に向いていなかった結果、本試験のための願書を出し忘れるという失態をこの年は演じてしまいました。

　しかし、これにより、その次の本試験まで時間的余裕ができたことも事実で、その点は肯定的にとらえるようにしました。忙しいながらも、1年以上の準備期間をとれたことで、これまで敬遠していた過去問を中心としたアウトプットの勉強を計画立てて行うことができ、怪我の功名ながら、最終的に合格へ辿り着くことができたと思います。具体的には、それまでは市販の問題集などを用いて知識を仕入れ、年明けから日曜の答練に通うという勉強方法でしたが、自身にとってこの方法では同じ結果の繰り返しになることはさすがに分かっていました。そこで、司法試験の過去問の通信添削講座に申し込み、知識も過去問で取り上げられているようなテーマを中心に確認し、実際に答案

を書くという練習に重きを置きました。

　常に聞かされて頭では理解していた過去問の重要性ですが、本番の問題に対する怖さや、同じ問題が出るわけではないという理屈から、実際に時間内に過去問を解く（書く）という練習は敬遠していました。過去問の内容確認程度は行っていましたが、実際に繰り返し（8年分を3回ほど）書いてみると、何度も同じようなテーマが問われていることや、書き方にルールやコツがあることが分かり、合格に直結する勉強であることを実感できました。私はそれまで尻切れトンボな答案が多かったため、自身の書くスピード（遅いらしい）に合わせ、大体5ページ〜5ページ半の中でひととおり答案を完成させるよう注意していました。

　振り返れば、このような勉強方法は私には合っていました。とりわけ平日は勤務との関係で勉強時間が限られますが、2〜3時間確保できれば、とりあえず過去問はひとつ書くことができます。そのくらいの時間しかとれないということは、言い方を換えればその時間だけ勉強すればよいわけで、少なくとも過去問をひとつ書き上げれば勉強をした気分になり、合格に直結する勉強として実力やスキルも向上していきます。

　過去問ばかりやっていると、もしかすると受験機関の模擬試験などでは良い成績がとれないかもしれません。ただ、私は受験機関の直前模試でC判定であったにもかかわらず、本試験では比較的余裕をもって合格することができました。採点基準や評価の仕方が両者で異なるのかもしれず（私は勝手にそう思っていました。）、過去問中心に勉強を行っている場合でも、模擬試験の結果で過度に落ち込んだり、やる気を失ったりする必要は全くないと思います。

5 おわりに

　私の合格までの道のりは反面教師とすべき部分が多く、境遇としては、ロースクール卒業後にアルバイトをしながら挑戦している人、社会人と共通するのみかもしれません。ただ、過去問対策がおそらく合格への早道であると思います。

　私は最後の受験機会で合格することができましたが、どのようにそのプレッシャーと戦ったのかをよく聞かれます。ただ、当人はそれ程プレッシャーを感じておらず、この点は仕事を持っていたということに精神衛生上も大いに救われました。社会人生活も長くなるとこらえ性がなくなるのか、なかなか勉強だけという生活は辛く、むしろ限られた時間であるからこそ勉強も継続できたという面が強いです。

　特に、社会人は仕事が言い訳や甘えとなり、悲壮感や厳しさが専業受験生よりも足りず（私もそう言われました。）、合格から遠ざかってしまうこともあると思います。ただ、自身が法曹を志した理由や思いがあるはずですし、仕事で確立された生活パターンを土台に、勉強を習慣化することも可能と思いますので、むしろ仕事のあることを強みに、社会人の方にも最終合格を目指していって欲しいと思います。

　私の場合は資格を得た上でもともとの仕事を継続する予定ですが、今後は掛けた迷惑以上のものを職場に返して行きたいと思っています。

体験記　予備試験のすゝめ

河原　里香

学歴・職歴	平成29年	大阪大学法学部卒、司法修習生
司法試験受験歴	平成27年	予備試験　短答合格、論文不合格
	平成28年	予備試験　最終合格
	平成29年	司法試験　最終合格

1　はじめに

　司法試験を受験するには、二つの方法がある。法科大学院を卒業するか、予備試験に合格するかである。司法試験の合格者のうち予備試験合格者の割合は、年々増加傾向にあり、平成29年は約18％となっている。司法試験合格を目指す人は、もはやその存在を無視することはできないだろう。その予備試験経由の一人として、予備試験についていくつか書かせていただこうと思う。

2　勉強期間について

　私は、予備試験合格の近道は、計画的に勉強をすることにあると思う。私が予備試験合格を本気で目指して勉強を始めたのは、大学2年生の冬からだった。読者も既にご存知かもしれないが、予備試験の合格率は毎年4％ぐらいで、合格率はとても低い。勉強を始めた頃の私も、もちろんそのことは知っていたので、最初に受ける予備試験で最終合格しようとは思っていなかった。だから、今はとにかく短答式試験に合格しようと思い、短答式試験の勉強ばかりしていた（予備試験は、短答式試験、論文式試験、口述式試験がある。その都度合格発表があり、合格した者だけが次の試験を受けられる。）。1年目の予備試

験の結果は、短答式試験合格、論文式試験不合格というものであった。

　その後は、12月くらいまでひたすら論文式試験の勉強だけをしていた。1月から4月くらいまで短答式試験と論文式試験を並行して勉強し、4月からは短答式試験の勉強をしていた。口述式試験の勉強は、論文式試験後に、結果発表まで時間があるので、その期間で勉強した。それまでは口述式試験の勉強はしていない。

　結局、私は本気で勉強を始めてから、だいたい2年間で予備試験に最終合格した。予備試験は、司法試験と同じく1年に1回しかない試験であるため、受験勉強も長期間となってしまうところがある。自分に合ったペースで、計画的に勉強を進めることが大切だと思う（試験までの期間を逆算して、1週間でどのくらい問題を解けば何回回せるのかを考えるetc.）。

3　私が採った予備試験の勉強方法

　ここからは、私が実際にとった勉強方法を紹介したい。短答式試験、論文式試験、口述式試験それぞれで異なる方法を採っていた。

(1)　短答式試験

　司法試験、予備試験の短答式試験の過去問を解いていた。過去問と同じ問題が出題されることが多いからだ。ただし、単純に問題を解くのではない。間違えたところはもちろんのこと、すべての選択肢を完璧に理解し、覚えるようにするのである。私は、間違えた問題や、なんとなくしか知らなかった問題については解説や勉強に使っていた本を読み、ノートに書き留めていた。これで10年分の過去問を解いて「間違えノート」を作り、短答式試験の直前に読み返していた。本番でかなり役に立ったのでおすすめしている。

　私が短答式試験に初めて合格した時は、だいたい1か月に過去10年分を2回解く計算で、合計8回くらい10年分を解いた。最終合格した年

は、5回くらい解いたと思う。何回も繰り返すと問題を覚えてしまうので、市販の演習本を買って勉強するのもよいと思う（ただ、あくまでも過去問を大事に。）。

(2) 論文式試験

論文式試験は、旧司法試験の過去問を解いて、予備試験の過去問は、直前期に練習として解いた。新司法試験の過去問は、予備試験の勉強には使わなかった。新司法試験の問題文は予備試験よりも長く、その答え方も異なるからだ。また、新司法試験の勉強をするときに、新司法試験の過去問は取っておきたい。

私が勉強するうえで意識していたことを挙げてみると、以下のことが考えられる。

① 書き方に決まった型があれば、それに従うようにする。
② 案外一般常識で考えれば、自分の書くべきことが浮かんでくることもある。
③ 条文は、条文番号だけではなく、項や号、前段か後段なのか、細かく書くようにする（細かいところまで点数が振られているかもしれないため。合格のボーダーライン付近になると、0.1点に何十人もの受験生がいる。）。複数の条文を書くときには、その順番に気を付ける（若い条文から書くのではなく、元になる条文から書く。）。
④ 直近の判例から問題が出題された年もあるので、余裕があれば最新の重要判例解説を読んでおく。
⑤ 旧司法試験の問題を解くときは、必ず紙に書くようにして、後に自分で添削する。予備試験の解説本に、解答例が載っていることもあるが、それは「答え」ではなくあくまで「例」である。「自分ならこんな風に書く」とか、「こう書いた方が、採点者は読みやすいのではないか」を常に考えるようにする（これは可能性の話だが、採点者は人だから、わかりやすい文章の方を好むかもしれない。また、

本番ではほとんどの人が知らない問題に出くわすことになる。そのためにも、普段の勉強からその場で考える力をつけておきたい。）。
⑥　予備試験の過去問は、できればA判定からE判定の再現答案を集めて、どんな書き方をすれば良い評価をもらえるのか分析する。また、自分でも実際に時間を計って解いて、答案と再現答案を比較する（自分がどのくらい力をつけているか、何が足りなくてどんな方法で勉強すれば改善できるかを考える。）。自分で書いた答案は、予備試験合格者や教授に添削をお願いする。自分では気づけなかった点を教えてもらえるため、おすすめである。積極的に頼ること。
⑦　ある程度問題を解くと、物足りなくなって他の問題集に手を広げる人もいるかもしれない。しかし、その前に、今解いている問題集や過去問は、本当に完璧に理解できているのかを考えてほしい。どれも中途半端に理解するだけでは、不十分である。
⑧　法律実務基礎科目は、大島眞一先生の『完全講義　民事裁判実務の基礎〔第2版〕』シリーズ（民事法研究会、2013）を使って勉強していた。本当に大島眞一先生の本は予備試験の勉強におすすめ。大島眞一先生には、大変お世話になった。

論文式試験に合格した年、私は、基本書を一通り読んだほかは、旧司法試験の過去問と予備試験の過去問しか勉強していなかった。だいたい各過去問とも15回くらい繰り返し解いたと思う。それでも合格できたのだから、皆さんにも、自分がこの本と決めた本で最後まで勉強してほしい。

(3)　口述式試験

口述式試験は、論文式試験の法律実務基礎科目の延長として勉強していた。使った教材も、全く同じである。これに加えて、口述式試験は条文番号を聞かれることもあるので、六法の素読もしていた。

ただ、口述式試験は今までの試験とは違って、試験官に口頭で答える試験である。そのため、紙の上では時間をとって解けた問題でも、口述式試験に沈黙になりやすい。口述式試験で沈黙は厳禁であるため、解決策として戦略上、分からないときは適当に答えてみて、試験官の誘導に乗るという方法がある。私はその練習のためにも、模擬として勉強仲間同士で練習していた。

　以上が予備試験のために私がとっていた勉強方法である。勉強を始めた当初は、その量の多さに圧倒されるかもしれない（現に私も、「こんなんできるわけない」と思っていた。）。ただ、始めは全く解けなくとも、何回も繰り返すうちに解けるようになってくる。それが増えてくると、ゴールは自ずと見えてくる。まずは少しずつチャレンジしてほしい。

4　いざ本番へ

　私は、短答式試験、論文式試験は大阪会場で受けた。どちらも最寄駅から少し歩いた場所にある。特に短答式試験は受験者が多く、電車に乗ることもひと苦労だった。また短答式試験は5月で、論文式試験は7月なので、会場は冷房が効いており、寒さを感じるほどだった（ちなみに、どの教室にも一人くらいタンクトップを着た猛者がいる。）。

　短答式試験はとにかく時間との勝負で、1問につき2分くらいで解かないと間に合わない。瞬時に判断しなければならないため、曖昧な知識では太刀打ちできない。また、迷って問題を後で解こうとすると、マークがずれるというケアレスミスもよくある。一度合格したとしても、気が抜けないのが短答式試験なのである。私自身、1回目の試験はチャレンジ精神で受けたのに対し、2回目の試験は守りの姿勢で受けていたし、短答式試験に落ちてしまうと論文式試験の勉強が全て無駄

になってしまうので、1回目よりも2回目の方がつらかった。

　論文式試験は、短い時間で急いで回答するため、腕が疲れる。腕が筋肉痛になった。そこでおすすめなのが、インクがよく出るボールペンである。0.5〜0.8ミリメートルぐらいのペンだと、力をあまり入れずにすらすら書ける。また、採点者に読みやすいという印象を持ってもらえるように、解答用紙1ページ目は特にきれいに書き、訂正がないよう注意していた。論文式試験は、短答式試験よりも休み時間が長く、どう時間を過ごすか迷うこともあった。直前勉強も大切だが、受験仲間と談笑してリラックスすることも大事だと思う（ただし、試験問題の話は厳禁だ。うっかり自分がミスしていることが分かると精神衛生上よくない。）。

　口述式試験は、論文式試験の合格発表から2週間ほど後に実施される。試験会場は東京会場のみで、全国から受験生が新浦安に集まるので、新浦安周辺のホテルはすぐに予約が埋まってしまう。論文式試験に合格したと分かれば、合格の報告よりも先にホテルの予約をした方がいい。

　本番は、1番から6番の順で試験を受ける。その順番は、なんと当日の朝に受付をして初めて伝えられる。あまりに遅すぎると緊張する時間が長くなるし、早すぎるとすぐに自分の順番が来てしまうので落ち着かない。待ち時間は小さな体育館に集められたが、どの試験よりも格段に試験会場の緊張感が高かった。試験日は10月下旬でその部屋は寒いので、カイロやブランケットが必要だ。頻繁にトイレに行きたくなる。また、順番が早い時のために、試験後の待ち時間で時間を潰せるものもあればいいと思う。口述式試験は合格率が高いので、それほど緊張しないと思うかもしれないが、私は口述式試験が一番緊張した。

5　最後に

　もう一度言うが、予備試験は合格率がとても低く、こんな試験、勉強しても受かるわけがないと思う人も多いかもしれない。しかし、予備試験は誰でも受けることができるので、いわゆる記念受験の人も多い。そんなに悲観する必要はないと思う。また、最終目標は司法試験合格だから、結局はロー入試やローの授業で勉強することになる。そうだとすれば、人よりも先に予備試験の勉強をすれば、いつか他の人より差をつけられる日が来るはずだ。予備試験の勉強は決して無駄なものではない。

　このメッセージが、受験生の皆さんへのエールになることを願います。頑張ってください！

| コラム | 弁護士として社会に貢献を |

豊田　祐介

職　歴　　弁護士（新60期）　豊田法律事務所経営

1　はじめに

　私は、現在、大阪弁護士会に弁護士登録（新60期）をして10年が経過した。どこまでご参考となることをお示しできるかは心許ないが、これまでの自身の経験を思い出し、振り返って書いてみた。読者の皆様にとっては、おそらく反面教師にしかならないであろうことは想像に難くないが、ご容赦いただきたい。

2　司法試験を目指したきっかけ

　私が司法試験を目指したきっかけは、自分がある事件に巻き込まれた際に弁護士に助けてもらい憧れたとか、裁判傍聴した際の判決に感銘を受けて裁判官を目指したくなったとか立派なものではなく、大学の法学部で学んだことを直接に活かすことができる仕事に就ければという漠然としたものであった。しかも、これを思い立ったのは、大学在学中のことではなく、大学を卒業して一般企業に就職したものの、思い立って退職したという、何とも遅い決意であった。このように書くと、その勤め先が嫌になって進路を変更したモラトリアムだろうと言われそうであるが、そうではなく、大学3回生の頃、研究者になることも少し視野に入れていたが、このころ就職氷河期にあって相当早い時期から就活を開始して思いも掛けぬほど早くに内定を頂戴したこと、司法試験は難関であり、自分にはとても無理と思い込んでいたことなどもあって就職をした。しかし、いざ就業してみると、法律の世界で働きたいという思いが強くなってしまった。今から思えば、随分

と思慮が浅く、かつ多数の方々にご心配とご迷惑をおかけしたと思う。

3 弁護士の職務（の一端）

(1) 弁護士1年目の事件

　弁護士の職務は「時に依頼者の人生を左右するものである。」とよく言われる。弁護士は、依頼者という第三者の抱える法律事務・事件を扱うものであるが、なぜ弁護士の職務の重要性がこれほど強調されるのか、弁護士になる前は、あまり実感がわかなかった。

　が、私が弁護士になって半年ほど経って担当した事件は、まさに訴訟の結果が「依頼者の人生を左右する」というものであり、弁護士の職務のやりがいと同時にその重要性、ひいては謙虚に事務処理にあたるべきという畏怖を嫌というほど実感させられたものであった。事案としては、いわゆる保証否認であり、依頼者は、相手方から連帯保証人であると主張され、数千万円の保証債務の履行を求められていた。しかし、依頼者は、連帯保証人になったことはない、契約書に押印したことはない、依頼者の親族が借入のために依頼者の実印を勝手に使って借金したと訴えており、当該親族も実印冒用を認めていた。契約書調印のあり方や実印の重要性の認識など昔と比べて相当に慎重かつ厳格に考えられている現在において、これほど典型的な保証否認の事案が未だにあるのかと驚くとともに、相当なプレッシャーを感じていた。冒用の自白があると言っても、直ちに信用性が認められるわけではないし、判決では「0」か「100」となるため（事案の性質上、和解は困難である。）、訴訟追行を一歩間違えれば、依頼者は数千万円の保証債務を負担することになり、最悪、破産することにもなりかねない。諸先輩方に支えられて、ひたすら、がむしゃらに、司法研修所で教わったことを愚直に実践し（私が修習生のとき、司法研修所では保証否認の起案を教えており、教わったことが実務に直結した。）、その結果、第一審及び控訴審ともに勝訴することができた。依頼者から大いに感

謝されたことは大変嬉しかったが、安堵感の方が大きかったと思う。今でも忘れられない事件である。

(2) 破産案件

私は、改正前破産法と現行破産法を学んで関心を持っていた分野であったため、破産申立代理人ないし破産管財人になって事件処理をしたいと思っていた（特に、破産管財人には、絶対になってみたいと願っていた。）。ただ、破産事件は、債権者、買掛先や従業員の方々など多数の利害関係人が絡み、多大なご負担ご迷惑をおかけするものであるため、その処理には多くの労力や手間暇を要するが、創意工夫によって事件処理を行うことができ、処理できたときの達成感は大きなものであると思う。

破産申立代理人の観点から述べると、申立代理人としては依頼者が個人である場合には免責決定を得て経済的再生を図ることを目指すもので、無事に免責決定を得られ、依頼者が経済的に立ち直り、再出発していただけることは嬉しく思う。また、依頼者が法人である場合には、免責はないが、経済的に窮している中であっても債権者に配当できるだけの法人の資産（危機時期にあって事業を継続できる程度ではないが法人の財産が最大化する段階がある。）を、あるがままの状態で申立てを行うことができた場合には、1つの法人及びその歴史をつつがなく閉じる手助けをすることができたという点で達成感を感じる。

破産管財人の観点から述べると、様々な利害関係人の利害を調整しつつ、債務者財産の公平な分配を図り、また（個人）債務者の経済的再生を図るべく、裁判所の監督を受けつつも、基本的には破産管財人の権限と責任で、独立して判断して事件処理を遂行するという点に大きな特色があると思う。また、ある問題点を検討する際に用いる法分野も、破産法のみならず、民商法、労働法、税法など多岐にわたり、一般的な案件に比して、これまでの知識経験を総動員して事件処理をすることになるため、経験すれば、弁護士として大きくレベルアップ

することができると思う。大規模な案件となればなるほど責任は重大であろうし、労力も大きいと思われるが、小さな案件一つであっても、第三者として自己の権限をもって独立して判断していくというのは他の弁護士業務にはないと思われ、大変ではあるが、大いにやりがいがあるものと思う。

(3) 一般民事（訴訟）

(1)で述べた事件も含めた一般民事、特に訴訟活動は、民事弁護の中核となる職務であろう。訴訟事件では、訴状・答弁書・準備書面等の書面の書きぶり、証拠の取捨選択や提出のタイミング、尋問・和解技術、裁判官・書記官との協議の仕方など、まさに弁護士としての力量が試されると思う。その中でも書面は重要であると思われる。なぜなら、書面は、依頼者の言い分を法的に正しく再構成して記載し、裁判所に対して正確に事実を上程しなければ、勝訴ないし勝訴的和解を導くことはできないであろうし、依頼者だけではなく、裁判官・書記官、相手方本人及びその代理人にも見られるから、いい加減に書くと代理人としての信頼を失ってしまいかねない。理路整然と物事を伝えることのできる依頼者のほうが少ないことから、雑多な事実を含む言い分の中から、要件事実を踏まえて、問題点を整理して法的に意味のある事実を抽出し、正確に書面に記載するというのは大変に苦労するが、代理人としての信頼を得られると、期日において裁判官と充実した協議を行うなどイメージどおりに事件を進行させることもでき、訴訟活動の醍醐味を味わうことができると思う。

4 おわりに

以上、私の拙い経験の一部を述べさせていただいた。弁護士の仕事というのは、裁判官・検察官と比べて、こうだと明確に言うことが難しいと思われるが、弁護士の仕事を通じて、紛争解決の一助となって社会に貢献することができればと願っている。

> コラム

熊本地震被災者向け電話法律相談

龍村　昭子

職　歴　　弁護士（67期）　　弁護士（弁護士法人淺田法律事務所勤務）

　弁護士登録をして3年が過ぎた。まだまだわからないことだらけだが、弁護士の仕事は本当に幅が広く、柔軟な活動が可能である点が魅力的だと感じる。事務所で担当する事件とは別に参加した、「熊本地震被災者向け電話法律相談」の経験を述べたい。

　平成28年4月、まだまだ自分の仕事に自信を持つこともできず、ただ目の前の仕事をこなしているだけであった頃、熊本地震が発生した。大阪弁護士会では、人手が足りないという熊本県弁護士会からの要請を受け、被災者からの電話を転送する形で電話相談を実施することとし、期や経験を問わず、全会員に電話相談担当者の募集がかけられた。

　私は修習生のとき選択実務修習プログラムで東日本大震災の被災地訪問を行うとともに、そこで奮闘した弁護士の先生のお話を伺った経験を思い出し、何か自分でも役に立つことができればと参加を決めた。

　電話相談では、平日休日の両方を含め、午前と午後に分かれて特設の相談室へ入り、被災者からの電話に対し、被災者のための利用可能な支援制度の紹介や、その他倒壊した建物を巡る賃貸借関係についてのアドバイスを行った。相談室には相談事例集や支援制度など参考資料があり、また2人1組での担当であったため、同席弁護士と協力しながら対応した。遠く離れた熊本からの相談者の声はやはり不安そうな様子であったため、なるべく丁寧に話を聞いて答えるように心がけた。人手不足でたらい回しにされていた方や、相談場所がわからなかったという方もたくさんおり、「ほっとしました。ありがとうございまし

た。」と感謝の声を頂けた。また電話相談期間が終了した後、熊本弁護士会からも、大阪で電話相談をしてもらえてよかったとの声を頂いたとのことである。

　今回の活動や修習時代の被災地訪問を通じ感じたことは、実際に困っている人の話に耳を傾け、被災地を直接目で見て、被災者の実際の苦労を知ることの大切さと、必要とされる場所を見つけて自ら赴いていく積極的な姿勢の大切さである。

　弁護士になり、本当にたくさんの人に出会い、様々な人生や話を見聞きし、多くのことを学ばせてもらっている。そして、今回の電話相談を含め、弁護士はとても頼りにされ、必要とされる場面は多いと感じている。これからも必要とされる場所で誰かの役に立てるよう、フットワークを軽くしながら日々努力していきたい。

| コラム | ジェンダー・ギャップ指数

中村　衣里

職　歴　　弁護士（新64期）　双葉法律事務所勤務

　皆さんは、「ジェンダー・ギャップ指数」という言葉をご存知ですか。これは、世界経済フォーラムが、毎年、各国における男女格差を図るものとして発表をしているものです。経済・教育・政治・保健の4分野のデータから作成され、0が完全不平等、1が完全平等を意味します。北欧の国々等が例年上位を占めますが、さて、日本はといえば…144か国中114位（2017年）。毎年、大変低い順位にとどまっています。

　このような状況にある背景はといえば、社会におけるあらゆる場面において女性の参画が進んでいないことにあります。

　たとえば、司法分野、つまり、裁判官、検察官、弁護士における女性割合も、この女性の参画を見る一つの目安となりますが、それぞれ、裁判官20.7％、検察官22.9％、弁護士18.3％です（内閣府「男女共同参画白書平成29年版」より）。この数字を見てどう思われますか。裁判の場面は、男女問わず誰もが当事者となるわけですから、これを判断したり専門的に支援する司法分野の法曹人口も、限りなく人口比である1：1に近づくことが望ましいとは言えないでしょうか。

　もちろん、たとえば女性の裁判官だからと言って当事者が女性であるという理由だけで有利な判断をすることは公正・公平な裁判とは到底言えません。また、そもそも男・女という生物学的な性差に基づいてその割合（数字）を見るということを疑問に思われるかもしれません。

しかしながら、私たちが生まれ、成長し、生活をしているこの社会には、ジェンダーと呼ばれる社会的に作られた性差（別）が厳然と存在します。たとえば、学校生活を考えても、男女別の名簿があって男子生徒のあとに女子生徒が並ぶという学校はありませんか。また女子生徒と男子生徒の進学や将来の進路の傾向は同じでしょうか、違うでしょうか。社会に出れば、家庭内だけでなく職場で「女性としての」役割を求められることもありますし、結婚や妊娠・育児をきっかけに働き方を変えざるを得なくなるのは、圧倒的に男性ではなく女性です。このように女性がこの社会で経験・体験する事柄は、決して個人差ということだけでは片づけられないのです。

　そうした意味からも、社会のあらゆる分野に、ジェンダー不平等の実体験を持つ人（多くは女性として分類されてきた人）が関わる、参画することに大きな意義があります。もちろん、男性の中にもジェンダー不平等に敏感で、女性たちが置かれる問題に共感できる人もいます。しかし残念ながら多数ではありませんから、まずは実生活の中での体験者である女性が、数として、割合として、増えることが必要と考えられます。

　ひとつの例をあげましょう。2015年12月に最高裁大法廷において、『夫婦は同一の氏とする』という民法規定を「合憲」と判断する判決がありました（最高裁大法廷平成27年12月16日判決（民集69巻8号2586頁））。当時の最高裁大法廷の構成を見ると15人中女性裁判官は3人でした。3人の女性裁判官がこれまで歩んで来た人生はもちろんそれぞれに異なりますが、3人の女性裁判官全員が、民法の当該規定は憲法24条に違反するとの意見を述べました。この意見は、裁判官自身の生活体験に裏付けられた言葉により述べられており、多数意見にはない説得力があります。もしも、この大法廷の構成メンバーが違っていたら？女性割合が違っていたら？最高裁判決の結論は変わっていたかもしれません。

第3章 司法試験体験記

　2017年11月に、内閣府や日弁連等が主催した女子中高校生を主な対象とした法曹の魅力を伝えるシンポジウムが開催されました（「来たれ、リーガル女子！～女性の裁判官・検察官・弁護士の仕事と働き方ってどんなんかな～」）。会場（大阪大学）にはたいへん多くの女子中学生、高校生やその保護者の皆さんが集まり、現役の女性裁判官、女性検察官、女性弁護士から仕事の内容や生活との両立等の話を聞き、また具体的に質問をするなどして、参加者の皆さんは熱心に将来の進路としての法曹を思い描いていました。

　さて、このように若い皆さんが一つの進路として法曹を目指し、キラキラとした笑顔で将来に思いをはせる場面に接する一方で、法科大学院への女性の進学率、さらには司法試験の女性の合格率、実際の法曹の割合等を見ると、実際に法律の専門家として働く場面にまでたどりつく女性は少ないとの現実も存在します。

　たとえばいくつか数字を見てみましょう。高等学校への進学率は女子96.9％、男子96.3％と女子の方が若干高くなっています。しかしその後、大学（学部）への進学率は、女子48.2％、男子55.6％と男子の方が7.4ポイント高くなります。さらに見ていくと、法学部を含む社会科学系の大学（学部）の学生に占める女子学生の割合は34.7％。法科大学院の女子学生割合は29.3％です（以上、「男女共同参画白書平成29年版」（内閣府）より）。また2017年に実施された司法試験では、受験予定者に占める女性の割合は25.97％、女性の最終合格率は18.31％でした（男性の最終合格率は25.04％で、6.73ポイントの差があります。）（「平成29年司法試験の受験予定者」「平成29年司法試験の採点結果」（法務省））。こうした数字を見ながら、女子生徒・女子学生、女性たちが、どの場面で、なぜ、先に進まなかったのか、進めなかったのかについて、皆さんはどのように考えますか。

　たとえば、法科大学院での勉強、司法試験の受験勉強は皆さんもご

存じのとおりとても過酷です。その中で体力的に続けることができなかった女性もいるかもしれません（もちろん女性だけに限ったことではありませんが）。また、長い受験生活の時期と女性のライフイベントとして結婚、出産等が重なり、受験の継続を断念した女性もいるでしょう。それから、「そもそも女性が法律家なんて」と言われ、諦めてしまった女性もいるかもしれません。このように社会が女性であるがゆえに不利益を被るシステムを維持していたり（システムを見直すための仕組みの中に女性の参画が少ないという悪循環もあります。）、また女性であるということだけの理由でステレオタイプな見方を女性自身に押し付けていたりすることが、法曹人口に占める女性割合の低さの背景にあるのであれば、それらを変えていく必要があります。そのためには、私たち一人ひとりの意識の持ち方を見直していくことが全てのスタートと言えるかもしれません。

　…何はともあれ、このコラムを読みながら法律の勉強をしている皆さんには、女性、男性を問わず、勉強が続けられることの素晴らしさを日々感じながら、こうした社会に存在するジェンダーの問題にも関心を向けていただき、各方面でご活躍されますことをお祈りしています。

体験記 頑張り通す気持ちを支えに
－不合格体験記

匿　名

学　歴　　　　平成24年　首都大学東京法科大学院卒
司法試験受験歴　平成24、25年　短答不合格
　　　　　　　平成26年　失格
　　　　　　　平成27、28年　短答合格、論文不合格
　　　　　　　平成29年　予備試験　短答合格、論文不合格

1　幼少期－両親の影響

　私は、在日朝鮮人3世として30年前に京都で生まれました。

　戦時中、炭鉱夫として朝鮮半島から渡って来た1世を母方の父祖に持つ父は、気性の激しい親分肌の性格で、事業を経営し、長男として両親と兄弟5人の家庭を含めた生活の面倒をみていました。母も当時の京都市内のゼロ番地と呼ばれる朝鮮人部落で生まれ育ち、10歳で祖父と死別し、中学校を卒業してすぐに一家の大黒柱として朝から晩まで働いていました。

　どちらも長子として生まれ育ち、一族を支えるために自分の人生は後回しにして生きて来たような両親でした。

　2人の口からいつもこぼれるのは、勉強することへの憧れと、その値打ちについてでありました。今よりはるかに差別の厳しい時代に在日朝鮮人として生きていくことはどんなに困難なことであるか骨身に沁みていた両親は、子供たちには自分達のような苦労をさせたくないと、勉強こそが人生を切り開いてくれる唯一のものであると、ことあるごとに言い聞かされて育ちました。また、子を思う処世の教育のためだ

けではなく、両親とも、教養のある人に対する子供のように純粋な憧憬を抱いていました。とりわけ、「先生」と呼ばれる人たちは、雲の上の人なのであるから、少しでもそのような人たちに近づけるような努力をしなさいとよく言っていました。そして、言外には、自分の子供達が将来そんな職業に就くことになればどんなにか幸せだろう、そして自分たちの苦労の人生も報われることだろうという夢を託されるような期待が滲んでいました。

　私の幼少期は、両親の不憫な思いを叶えてあげたいという決意を固めさせられることに尽きる日々でした。この人たちの夢を叶えて幸せにしてあげることができるのは私しかいないという使命感にかられるように中学受験に挑戦し、京都府の女子校では屈指の中学校に入学しました。

2　中学・高校時代

　初めての成功体験を経験し、将来を考える上で自分の性質、興味に目を向ける中で、自分は不公平なことが何よりも許せないということ、弱い立場に立たされている人の気持ちや立場を訴え、不公平や理不尽を是正しようとせずに、傍観者となっている自分が許せないという性格をしていると知るようになりました。また、興味のある事柄について学ぶことが好きで困った人から頼りにされるような専門的な職業に就けば、学ぶことには終わりがなく、自分も仕事を通じて生涯終わりの無い成長をすることができるのではないかと思うようになりました。中高一貫校というのんびりとした環境で友達との遊びや部活や恋愛に打ち込んだりしながら、弁護士になりたいという夢が醸成されていきました。

3　大学時代

(1)　浪人して大学へ

　弁護士の憧れは持ちながらも、付属の女子大学まで希望者は内部進学できるというエスカレーター式ののんびりした環境の中で、10代の頃は勉強以外の部活や友達付き合いや遊びの一つ一つが楽しく刺激的で、まだまだ夢の大きさに自分の身の丈が追いついていませんでした。それに加えて高校三年生では母が体調を崩し、学校と家事を掛け持っていたこともあり、本腰を入れて大学受験の勉強に取りかかり始めたのは高三の8月からでした。しかし、青春時代にやりたいことも我慢して、日々鍛錬を重ねて来たライバル達に容易に追いつくはずは無く、最後まで数学の成績が伸びず、本命の京都大学は合格に届きませんでした。

　夢を叶えるために名実共に最高の環境であると思ったことと、地元民として自由で自主の校風や学生さんに強い憧れを抱いていたため、センター利用で合格した関西学院大学社会学部社会学科に一度は入学しようと入学式に出たものの、翌日から予備校に通い、大学受験浪人をさせてもらいました。今思えば勉強に対する取り組み方が未熟であったため、数学の成績が伸びず、本命には力が及ばず、結局、関西大学法学部法律学科に入学しました。

　そして、高校時代にも打ち込んでいたバトン・チアリーダー部に入部し、水を得た魚のように、仲間と一つの目標に向かって踊るということに夢中になっていた1回生の夏休み中に、信じられないような事件が起きました。

(2)　父の逮捕で同志社大学への転入学を決意

　それは早朝5時台の出来事でした。10名近くの刑事が怒号の中、逮捕状を呈示し、父を逮捕しました。父は数日間黙秘を続けましたが、弁護士さんから、「○○県警に黙秘は無いんじゃ！」と怒鳴られながら、取調中に暴行や差別的言辞を受けていると聞き及びました。このよう

な人権侵害がまかり通ってよいはずがないと思い、刑事弁護に強い関心を持つようになりました。

そこで、司法試験合格者を多数輩出し、試験対策にも力を入れている同志社大学が2年次転入学制度を設けていることを知り、本気になって司法試験に挑戦するために、法科大学院受験にとってより良い環境で学びたいと同志社大学への転入学を決めました。

(3) 同志社大学

大学受験を終えて間もないために開放感の中、大学生活を謳歌している友人達の誘いを断り続けて、講義後に編入予備校に通わせてもらい、法学英語と法学論文の勉強をしました。法哲学や法社会学や民法に関する問題を考え、反対説にも目を配りつつ書面で自論を展開することの楽しさを感じました。地味な日々の甲斐があり、運良く合格することができました。3度目の正直ではありませんが、ようやく自分が納得できる大学にたどり着くことができました。

バトン・トワリングやチアリーディングへの未練はありましたが、部活やサークル活動には一切参加せず、講義と司法試験予備校通いの日々を送りました。同志社では先生方、先輩方や同期や後輩に恵まれ、目的を同じくする優秀な方々からたくさん刺激を受け、恩恵を受けた3年間を過ごさせて頂きました。

ロースクール進学のための受験勉強方法としては、私は新しい概念を理解することが苦手で、とにかく論文が書けるようになるためには英作文において英単語が絶対不可欠であるように論証を暗記しなくてはと思い、論証パターンの暗記に努めました。受験指導校の基礎テキストを分野ごとに読み込んで理解・暗記した後、旧司法試験の論文式試験の過去問を解き、論点を抽出し、論証を問題の特性に合わせて吐き出し、あてはめで用いる事情とその評価を的確に書き出すという練習をひたすら行っていました。4回生の夏の私立ロースクール受験前は、大学や予備校の自習室で閉館時間まで勉強した後、自宅に帰って

夕飯をとり、そのまま24時間営業の喫茶店に移動し、早朝まで勉強し、午前5時頃自宅に戻り、正午まで睡眠を摂り、起きてまた大学や予備校に向かうという生活をしていました。結果、法科大学院は立命館大学既修、同志社大学未修、名古屋大学未修、首都大学東京既修に合格することができました。

進学先は少し迷いましたが、憧れの先輩が上京されていたことと当時の司法試験合格率の高さなどから、首都大学東京に決めました。

4　ロースクール時代
(1)　反省点その1

首都大ロー入学と同時に、上京、初めての一人暮らしが始まりました。論証パターン丸暗記一本槍でやって来た私は、すぐにレベル違いの場違いな場所にやってきてしまったと感じました。授業に備えて今まで見たこともなかった基本書や判例をきちんと読み、課題を解いてロースクールの講義に臨むものの、入学後にいくら勉強したところで王道の勉強を積み重ねて来た人達に追いつくことができず、ゼミに入れてほしいとお願いすることも憚られ、お誘いを受けても議論のレベルに追いついておらず、その前提知識を入れる時間を確保するためにお断りをせざるを得ないような状況でした。本当は優秀で勤勉な同期と切磋琢磨したかったのですが、泣く泣く一人で自習をする毎日でした。

今思えば、現在も親交が続く同期の方達にお願いすれば皆が優しく迎えてくれていたであろうし、もっと頼らせていただくべきであったのに、当時は遠回りしながらここまで来たのにもかかわらず、思い通りに勉強が進まないことへの悔しく歯がゆい気持ちがどんどん心を意固地にさせていったのであろうなと反省をしております。この自分の精神の未熟さが最大の敗因であったと考えています。

(2) 反省点その2

次に、はじめから過去問を攻略しようとせず、法律を理解してから直前に潰そうと考えていたことです。今考えますと、本当に愚かしいのですが、過去問は二度と出ないものなのだから主に出題予想に利用すればよいなどと思っておりました。もう一度ロースクール入学時に戻れるのであれば、とにかく過去問を暗記できるまで幾度となくまわすことだと思います。日本最難関の試験といえども試験である以上は攻略方法があるはずなのですから、過去問を研究し、いかに効率を上げるかに専念すべきであったと深く反省しています。

5 司法浪人時代

(1) 初受験・2回目の受験

初受験では、当時短答が7科目あり、憲法、民法、刑法以外には短答対策に手が回らず、足切りとなってしまいました。論文式試験は日頃の実力を発揮することができたので、初受験での自分の受験者の中の立ち位置がわからないことは、致命的なミスでした。全てを犠牲にして打ち込んだものに対して、論文の評価すら頂けないということに非常に落ち込み、その後の気力・体力の回復には長い時間とエネルギーを要しました。

2回目に向けてすぐに短答の対策を始めましたが、初回の落ち込みから脱却することができないまま、なんと2回目も初受験と全く同じ成績で足切りになってしまいました。二度も足切り、それも全く同じ点数で、この1年は一体なんだったのだろうかと、この挑戦は、もう私の能力を超えたもので、私には最初から無理なことであったのではないかと惨めで恥ずかしく情けなく、逃げ出したい気持ちになりました。もうこのまま諦めて全て投げ出した方が、いたずらに貴重な20代を浪費せず賢明な判断なのではないかと思いましたが、自分は要領と運の良さでここまで来ただけであって、まだまだ努力をしたとはいえないと三度目の正直に挑むことにしました。

第3章　司法試験体験記

(2) 3回目の受験—平壌へ

しかし、本当のどん底を迎えるのはこれからでした。あろうことか3回目の本試験第1日目、忘れもしない論文式試験3科目目の行政法の入室時刻と試験開始時刻を間違えてしまい、試験開始時刻に2分遅れてしまい、当年は失格となってしまいました。試験監視員の方に心配される程泣き崩れ、テーブルに涙の池ができるほど泣いてしまいました。ほとほと自分自身に呆れ返り、愛想が尽きてしまい、さすがに楽観的な私も気持ちの立て直し方がわかりませんでした。

そんな時、試験に合格した暁には行ってみたいと思っていた故郷、朝鮮半島を訪れ、自分がこれまで怠惰ながらもなぜ弁護士になる夢が手放せなかったのか、また、それまで答えの出ない問いであると蓋をしてきた自分のルーツに向き合い、自分は何がしたいのか見つめ直すことにしました。一言で言えば現実逃避でした。

朝鮮籍（南北分断前の統一朝鮮籍）保持者の私は、当時大韓民国に入国することができませんでしたので、朝鮮民主主義人民共和国の、日本の社会学の学者さんと大学生向けのスタディツアーに参加しました。そこで祖国について知り、あやふやなまま目を背けて来た自分のアイデンティティをようやく確立することができ、出自のコンプレックスを解消することができました。世界の歴史の激しい潮流の中で、自分という存在が俯瞰で見られたような、得難い経験でした。そして、その結果、より一層弁護士になりたい、なる責任があると強く思いました。

(3) 4回目・5回目の受験

祖国訪問を果たしてから、私の心は穏やかになりました。勉強というものは孤独で弱い自分との闘いである以上、自分を強く持たねば努力を刻み続けることはできないのだと感じました。それまでの自分という存在がよくわからないままとにかく前進だけを目指していた私が、いかに弱く、おぼつかない人間であったかが分かるようになりま

した。もちろん受験生である以上、結果を出すことは至上命題なのですが、何よりも一番大切なことは誠実や努力の積み重ねによって自分を修練することであったと、ようやく気付くことができました。短答については、4回目は80％、5回目は70％の得点率で優に合格点を超えることができました。やはり努力の積み重ねには心の安定が不可欠なのだなと感じました。

ですが肝心の論文では、長引いた受験生活のために体力が徐々に気持ちに追いつかないようになってしまい、全速力で駆け抜けることができませんでした。4回目は5000番台で、5回目は3000番台で落ちてしまいました。しかし、満身創痍の状態でもここまで順位があげられるのだとある種の手応えを感じました。

(4) 予備試験

後述の就活期間中に、2017年の予備試験の短答に合格し、論文式試験を受験しました。総合996/10743番（467番以上で合格）で不合格でしたが、2012年初受験の足切りから比べれば、相当に成績が向上していることは実感することができました。

6　就活時代

(1) 先の見えない1年

私はこれまで司法試験しか眼中にありませんでしたので、すぐに事業会社に勤めるということに気持ちを切り替えることができませんでした。しかし、自立して東京で生きていくためにはとにかく働いて食べていかなくてはなりません。社会に出て視野を広げ、キャリアを積みながら司法試験のことはゆっくり考えていこうと、そして日々の業務を通じて企業法務の実務に携わることが試験にも寄与するはずと考え、とりあえず法務部に絞って就活を開始することにしました。

30歳にして初めての就職活動であり、約1年間の先の見えない闘いは司法試験と同様に恐ろしく不安なものでしたが、私のまさに理想と

していた会社に就職し正社員となれた今、この辛かった経験も得難い財産となりました。

(2) 司法試験への"未練"？

見送りとなった面接のエピソードです。まず、とある化学品メーカーの最終面接で、司法試験への挑戦は続けるつもりなのかと聞かれました。そこで私が目標を持ち自分を高め続けることはひいては会社のためにもなるはず、というような回答をしたところ、後からエージェントを通じて面接して下さった重役の方が、「まだ司法試験に未練があるようだ。ああいった上昇志向の強いタイプは次が見つかるとすぐにそちらに行ってしまって退社してしまう。」とおっしゃっていたと伺い、大変に驚きました。年収や家賃補助、アクセス等、非常に条件の良い会社であったため、最終面接に落ちてしまったことはショックでした。しかし、その後すぐに、社員の挑戦を喜び、応援してくれないような会社に身を置くことにならなくて良かったと思い直しました。

当時同じ境遇の友人にこの話をしたところ、「司法試験の受験を継続したいなんて言ったらダメにきまっているじゃないか。僕の友達も受験はやめたと嘘をついて今働きながら会社に隠れて勉強を続けているよ。」と、詰めが甘いと指摘を受けました。

ですが、自分らしさを受け入れてくれない環境に嘘をついてまで入ったところで、後々居心地が悪くなるのは自分自身であると思い直しましたが、第2新卒採用もとっくに過ぎてしまった年齢で、今から初めての就活であるという場合に、自分の「人材」としての価値に自信を保つことは難しい心境でいました。しかし、ロースクール同期に業務の終了後、忙しい中にもかかわらず、ここまで頑張って来たのだから絶対に妥協してはいけない、自尊心を無くさずに頑張れと電話で根気よく励ましてもらったおかげで、紆余曲折を経て、ようやく現在の職場である金融機関の法務部に出会うことができ、現在、自分が心から納得できる環境で働かせていただいています。無事に3か月の試用期間を経て、2018年より正社員となることができました。

7　現在－新たな夢、目標

　先日、CFA資格というアメリカの投資専門家の世界的団体が認定する、世界の投資業界におけるグローバルパスポートとされている証券分析・投資運用の専門資格に挑戦しないかと上司にすすめて頂きました。時間のかかる挑戦ではありますが、これまで学んで来て、そして今後も勉強を続けていきたい法律知識と掛け合わせることによって、新たな自分の専門領域を開拓することができると感じました。新たな目標に出会うことができました。30代も20代と変わらず、まだまだ挑戦したいと思えることに出会えたということが何よりも嬉しく、幸せなことであると思っています。

8　最後に

　私は、3回目の本試験で失格になったことをきっかけに祖国訪問をして以来、通称名の使用を止め、27歳当時から本名を名乗り始めました。それは、単に政治的な立ち位置の変更というような卑小な意味ではなく、司法試験に挑戦することを通し悩み苦しむ中で、自分というものへの理解が深まっていったことの帰結であります。そして、幸せというのは本来の自分に戻っていくことであるのかなあという気がしています。

　試験の世界は結果が全てではありますが、出自や幼少期からこれまでを振り返りますと、司法試験合格を目指して（僅かではありますが）努力を積み重ねた日々が、他でもなく私を今ここまでつれて来てくれたのだと思うと、途中で腐らず投げ出さずに良かったと思っています。そのような解釈でもって来し方を振り返ると、これから行く先も、何があっても"頑張り通さねばならない"という気持ちが、何よりも自分を支えてくれることになってくれるように思うのです。

体験記　努力は無駄にならない

匿　名

学歴・職歴	平成21年	京都大学法科大学院卒業
	平成22年	裁判所事務官採用
	平成25年	裁判所書記官任官
司法試験受験歴	平成21年	短答合格、論文不合格

1　はじめに

　私は、現在裁判所書記官として仕事をしていますが、当初から裁判所の職員となることを第一目標としていたわけではなく、大学在学中は法曹となることを目指していました。そのために法科大学院の既修者コースで2年間勉強し、一度司法試験を受験しましたが、結果は不合格でした。

　私が司法試験を受験していた当時は、5年のうちに3回受験の機会があり、そこで合格できなければ受験資格を失ってしまう、ということがプレッシャーになっており、法科大学院在学中から、1回で合格できなければ別の道に進むことも漠然と考えてはいましたが、もちろん1回で合格することを目指していただけに不合格だったときには少なからず気持ちが落ち込みました。その後、再受験するかどうかで迷いが生じ、しばらくはなかなかほかの道に進むことを実行に移すことができず、不安と焦りから精神的に不安定になった時期もありました。現在司法試験合格に向け勉強をされている方にとっては、不合格となったときのことはあまり考えていない、あるいは考えたくないことかもしれないのですが、仮に合格ではなかったとしても、勉強してきたこ

とを活かせる場もあることを知ってもらい、努力してきたことは無駄にはならないことをお伝えしたいと思います。

2　司法試験受験

私が司法試験の受験を志したのは、大学生のときに市民の法律相談を受けるという部活動に所属していたことがきっかけでした。

当時は、市民の方々のさまざまな法律相談を聞いても、基本的な知識で解決できることについては答えることができても、複雑な問題になると学生レベルでは答えられないこともありました。そのことから、もっと法律的な問題を解決するための力になりたい、もっと正確なアドバイスをしたいということで法的知識を身につけるという欲求が高くなっていきました。

そこから法曹を志し（私は弁護士を志していました。）、当時は従来の司法試験に代わって法科大学院に通ってから司法試験を受けるという体制となることになっていたため、法科大学院の受験を目指すようになりました。法科大学院受験のため予備校にも通いながら大学に通い、大学を卒業した後は、法科大学院へと進学しました。

法科大学院に入学してからの勉強はハイレベルで、日々予習復習が必要で、自主的に勉強が必要となるため、周りについていくのにも非常な努力が必要でした。法科大学院入学後は、周りは優秀な人たちばかりで刺激になり、授業の内容も充実していたので、法的な思考力が鍛えられました。法科大学院に入学して2年目には、単位を落とせば即留年という必修科目もあったので、緊張感もひとしおでした。また、数人で勉強会を組み、過去問を解いて作成した答案を各自で見せ合い、批評しあうということも行っていました。自分の答案に足りない点など客観的に指摘してもらえるというのは、貴重な機会だったと思います。

しかし、このように日々勉強をしていても、いざ実際に司法試験を受験して、合格できなかったらどうしようという不安感が付きまとっていました。そのような不安感を払しょくするため勉強に励みました。法科大学院が司法試験受験のために設けられたもので、卒業しても全員が司法試験に合格できるものではない以上、そういった不安感を持たれる方も少なからずいらっしゃるのではないかと思います。私は幸いにも無事に留年することなく法科大学院を卒業することはできました。卒業してから1回目の受験まで1か月ほど期間がありますが、その間は不安と闘いつつ必死で勉強しました。
　司法試験本番については、緊張しつつも自分なりに全力投球して臨んだつもりでした。間に1日休みを挟んで4日間試験があるため、その間体調を崩さないように心がけたり、その日に失敗した、と思う点があっても次の日に影響しないようにしたり、体力面でも精神面でも気を付けていました。しかし、結果を見ると短答試験については平均以上の成績ではありましたが論文の評価が合格のレベルに達しておらず不合格、という結果でした。当初から1回受験して合格しなければ他の道を考えようと思ってはいましたが、いざ不合格という事実を突きつけられるとなかなか受け入れることができず、これからどうしたらよいのか、やはりもう一度挑戦するべきではないのか、という迷いや不安が生じ、すぐに行動に移すことができませんでした。
　これからどうするかということについて考え、大学の先輩方の進路を参考にしたり情報収集をした結果、裁判所職員を本格的に目指そうという考えに至りました。

3　公務員試験受験

　公務員試験においては、筆記試験については一般教養部分においては問題集を解いたりして対策をしっかりとする必要があって勉強しな

おす必要がありましたが、専門分野（法律分野）についてはこれまで大学や大学院で司法試験に向けて勉強していた分野を活かせたこともあり、本試験受験後に準備を始めても対応可能であるかと思います。ただし面接試験については、志望動機などしっかりと対策をしておいた方が良いと思います。

　司法試験を受験した年にも、公務員試験はいくつか受験していました。しかし、やはり司法試験に合格できなかった場合の滑り止め、という意識が出ていたためか、筆記試験は通過しても、面接試験で不合格となることが多くありました。筆記試験で通っても、最終合格まで至らなかったのは、面接試験において実際に熱意が伝わらなかったことが理由だったのではないかと思います。そのあと、公務員試験の予備校などを利用し、面接試験の対策として、模擬面接を行って第三者に自分の受け答えの様子を見てもらうことにより、客観的なアドバイスをしてもらうことができたのがよかったのではないかと思います。

　司法試験に不合格となった後に公務員試験を受け、ほぼ内定もいただいていたものもありました。そのときに、実際に就職してから改めて自分の進みたい道を考えるか、あるいは勉強に専念しもう一度再受験するのかについてはだいぶ悩んだところではありますが、やはり法律に携わる仕事がしたい、ということで、裁判所職員の採用試験を受験しました。

4　現　在

　裁判所職員採用試験においては、しっかりと自分と向き合い志望動機を固めたうえ臨んだこともあり、合格することができました。裁判所職員採用試験に合格して就職し、同期と顔合わせをしたときに、同じように法科大学院を卒業してから就職したという経歴をたどった方々が多くいることがわかり、仕事をしていくうえで励みになりまし

た。裁判所職員として採用された後は、裁判所書記官となることを目指しました。裁判所書記官になるための研修所入所試験に臨む際にも、同期で同じような経歴の人と勉強会を組んで答案作成をしたり、面接試験の対策をしたりして、協力しながら合格を目指すことができたのは、とても心強かったことを覚えています。

研修所入所試験に合格してからは研修を経て、裁判所書記官として仕事をすることになりますが、研修期間中に全国から集まった研修同期にも法科大学院卒業をしたという方が大勢いました。

現在では、裁判所書記官として、忙しいながらも充実した日々を送ることができています。司法試験受験のために勉強してきたことは公務員試験受験時だけではなく、就職して以降も役に立ちます。事務官に就職してからの日々の仕事のうえでもそうでしたし、書記官になるための研修所入所試験を受験するうえでも、また裁判所書記官として働いている今も、これまで勉強してきたことは活かすことができていると思います。もちろん日々の勉強は必要ですが、法科大学院で勉強したことも実となっていると実感しています。

5　おわりに

司法試験を目指されている方々にとってはもちろん合格して法曹となることが第一目標であるかとは思いますが、もし法曹にはならなかったとしても、それまでに勉強してきたことや、努力してきたことを活かす場はあるということを改めてお伝えしたいと思います。

皆さんがそれぞれの場所で輝けることを願っています。

| 体験記 | 占有権ほど純粋な権利はない |

匿　名

学歴・職歴	平成24年	東京大学法科大学院修了
	平成26年	家裁調査官補採用
	平成28年	家裁調査官任官
司法試験受験歴	平成24年	短答不合格
	平成25年	最終合格

1　法科大学院での勉強、苦労したこと

（1）　私は、平成21年3月に上智大学法学部国際関係法学科を卒業し、4月に東京大学法科大学院の未修者コースに入学しました。法科大学院の1年目は、憲法、民法、商法、民事訴訟法、刑法、刑事訴訟法などの基本的な知識、判例などを学びました。教授たちもそれぞれの法律の第一線で活躍されている方々ばかりで、その方々から学べるというのはとても贅沢な経験でした。そして、何よりも先生方の法律に対する情熱を感じました。

　しかし、基本的とはいっても、学生時代に留学をしたりして、それほど法律の勉強に力を入れていたわけではなかった私にとっては、レベルが高い授業でした。このため、法科大学院に入ってからは、授業についていくのに必死で、予習と復習に追われ、勉強中心の毎日が始まりました。朝はだいたい午前8時半から講義があり、授業が入っていない時間帯や授業が終わってからは、法科大学院の自習室や図書館で予習や復習をしていました。自習室が午後10時半に閉まるので、途中でクラスメイトらと食堂などで夕飯を食べ、最後まで残って帰る日もしばしばありました。一日に10時間近く勉強しており、大学時代と

は比べものにならないくらい忙しく、土日も予定が入っているわけではないものの、いつも「勉強しないといけない。」という思いがあり、勉強を忘れてのんびりできたときはありませんでした。

(2) 2年目、3年目は、既修者コースで入ってきた人たちとも同じクラスになり、より高度でアカデミックな講義が中心的で、日々の学習がさらに大変になりました。先生方も「10年後、20年後の法曹界を引っ張っていく人材になってほしい。」とのことで、講義の内容も司法試験をはるかに超えていました。なかでも一番思い出に残っているのは、ローマ法の講義です。「現代の日本の法律は、ローマの法律に追いついていない。占有権ほど純粋な権利はない。」など難解すぎて、当時も今もあまり理解はできてはいませんが、考えることの楽しさに触れた講義でした。

既修の人たちと同じクラスになって、その法律の知識にも驚きましたが、一番驚いたのは議論の能力の高さでした。私は、のんびり考えて自分の考えをまとめていくタイプですが、瞬時に問題を分析したり、相手の論理の矛盾点を指摘したりして、それに対する有効な反論をしていくという能力が高い人たちが多く、とても刺激になりました。

2 司法試験の勉強、苦労したこと

(1) 1年目からクラスメイトと数人で自主的に勉強会を作り、旧試の過去問などを解いて答案を作成して、それをみんなに配ってコメントをもらったり、他の人の答案からこういう書き方をすればよいのかと学んだりしていました。自主勉強会は、週に1回くらいのペースでやっていました。2年目、3年目も1年次と同様に自主勉強会に参加していました。2年次以降は、未修、既修混ざってグループを作っていました。

(2) 法科大学院の講義の予習や復習に時間がかかり、司法試験の勉強と両立するのがとても難しかったです。長期の休みにならないと司法試験の勉強を集中してするということができませんでした。準備不足が原因で1回目の司法試験は落ちました（しかも短答式で！）。

1回目の司法試験に落ち、社会に出られるかどうかの心配が高まっていましたが、もう1回だけ司法試験を受けようと決め、翌年の司法試験に向けて勉強を始めました。法科大学院を修了してからは、実家に戻っていて近所の塾のアルバイトくらいしかしていなかったので、自由に使える時間が増え、ほとんど実家で一人で勉強していました。近くに予備校もなかったため、通信添削を利用しました。司法試験の対策としては、短答式・論文式とも過去問を中心に解いていました。また、2週間で2科目を一周して、その次の2週間は新たな2科目を一周し、試験が近づいてくるとその間隔を縮めていきました。

司法試験の対策として役に立ったのは、各法律のまとめ本（既成のもの）と勉強用のスケジュール帳です。まとめ本には不足している情報を補ったり、以前間違えたところを目立つようにしたりして自分のオリジナルのまとめ本に作り替えていきました。これは、全面貼れる付箋等を用いて作る過程も楽しかったですが、司法試験の直前にこれさえ見直せば大丈夫と安心することができました。スケジュール帳には毎日その日やったことを記録していきました。それを見ると勉強がはかどったのかどうかが一目瞭然で、一週間、一カ月などの進捗状況を把握することができ、司法試験の試験日から逆算して、どこが不足しているのか、これからすべきことは何なのかなどを考えることができました。

(3) 司法試験の勉強で一番辛かったのは、メンタル面です。大学院を修了してから試験を受けることになるので、肩書もありませんし、収入もなく、親に頼るしかありませんでした。勉強していても、落ち

たらどうしよう、仕事がないかもしれないと悲観的に考えることが多かったです。既に働いている高校の友達などにも会いにくかったです。

そのため、司法試験2回目の年には、家裁調査官の採用試験、県庁職員の採用試験などの公務員試験も併願しました。司法試験は比較的早く終わるので、公務員試験に出願だけしておいて、司法試験が終わってから公務員試験の準備を始めました。

3　家裁調査官になった経緯

2回目の司法試験の結果が出る前に家裁調査官の試験の発表があり、合格することができました。このとき私は、司法試験の結果がどうであれ、家裁調査官になろうと決めていました。その後、司法試験の結果も出て、なんとか最終合格することができていましたが、司法修習には行かず、半年間は市役所の臨時職員として働いて、翌年の春から家裁調査官補になりました。

家裁調査官という仕事は、法科大学院のときに裁判所見学に行く機会があり、見学に行った先が東京家庭裁判所で、家裁調査官からその仕事について説明を受けて知りました。また、たまたま法科大学院の自習室にも大島眞一裁判官が編集された『ロースクール修了生20人の物語』（民事法研究会、2011）という本が置いてあり、その中に法科大学院を修了して家裁調査官になった方が紹介されていて、何度も読み返していました。

家裁調査官になろうと決めた理由には、積極的なものと消極的なものがありました。まず、積極的な理由は、法律的な問題でも突き詰めると家族同士の争いにたどり着くことが多いような気がしていて、法律的紛争の背後にある人間関係に興味があり、それに関わりたいと思ったためです。消極的な理由には、司法試験の競争に疲れていたこと、

司法修習に行っても給与がもらえなかったため、司法修習にはあまり行きたくないと思ったためです。

4 現在の仕事

(1) 家裁調査官補として2年間の研修を終え、2年前に家裁調査官に任官しました。2年間の研修中は、大規模庁での実務研修と埼玉県和光市にある裁判所職員総合研修所で法律や心理学等の座学中心の研修を受けました。

家裁調査官とは、家事事件及び少年事件を扱っている家庭裁判所の職員で、例えば、離婚、親権者の指定・変更等の紛争当事者や事件送致された少年及びその保護者を調査し、紛争の原因や少年が非行に至った動機、成育歴、生活環境等を調査する仕事です。調査の中心的な方法は面接であるため、面接技法の習得も比重を大きく占めており、実務修習中は指導担当の先輩家裁調査官にも面接に一緒に入ってもらって指導を受けたり、研修所においてもロールプレイをして研修生同士で意見を述べ合ったりしました。任官してからも、上司から面接について指導を受けることもあります。

(2) 私は、任官してすぐに離島の小規模庁に配属されました。離島での家裁調査官の仕事は、他の地域の家裁調査官の仕事とは異なっていることも多いので、少しご紹介したいと思います。

家裁調査官補として採用された大規模庁では、家裁調査官室だけで部屋が何室もあり、家裁調査官が何十人といました。しかし、任官して配属された離島の小規模庁には家裁調査官が2人しかおらず、主任家裁調査官と平の家裁調査官が1人ずつです。以前は、任官しても2年間は家裁調査官補で採用された庁で働いていたのですが、制度が変わり、任官するとすぐに採用庁とは異なる小規模庁に配属されることになったため、任官してすぐ離島の小規模庁で働き始めた家裁調査官は

私が初めてでした。まだ家裁調査官の仕事がどういうものかも掴めていない状態で、行ったこともない、知り合いもいない島に行くのは少々不安がありました。そこに赴任したことがある総合研修所の教官からは、ＮＨＫの「ジャッジ」という離島の裁判所が舞台のドラマを貸してもらい、予習しました。しかし、実際赴任してみるとアットホームな職場で、町も思っていたよりも都会で、すぐになじむことができました。夏場の海でのシュノーケルも最高です。

(3) 家裁調査官に任官してから約2年が経ちますが、家裁調査官の仕事は本当に面白いと感じています。当事者や少年及び保護者と面接をするなどして得た情報を総合して、紛争の原因を探ったり、非行の原因を解明したりすることは、数学の公式を当てはめて、解を導き出すといったはっきりしたものではありません。当てはめる公式もこれを当てはめればよいという万能のものもありません。でも、こうかもしれない、ああいうことも影響しているかもしれないと考えながら、裁判官や書記官らとともに検討していくことに面白さを感じています。家事事件で話し合いがまとまり、紛争が解決して、当事者の方々が新たなスタートを踏み出すところに立ち会えたときや、少年事件で少年及び保護者が変化していく過程にかかわれたときに仕事のやりがいを感じています。

調査官は全国転勤なので、次はどこに赴任するのだろうとドキドキしながら、生活しています。でも、どこに行ってもその土地の文化や風土を楽しみながら、生活していきたいと思っています。

5 最後に

思い返せば、私の人生の中で一番辛く、苦しい時代は間違いなく法科大学院の時でした。そして、これからもあれ以上の辛い経験はないと思います。でも、そんな辛く、苦しい時代を乗り越えたのは、とて

も自信になりました。そんな時代を一緒に乗り越えた法科大学院の友人は本当に戦友です。今でも皆で集まると、辛かった思い出話でもちきりで、苦しい時代を乗り越えたことを称え合っています。そして、法科大学院の同級生は、「10年後、20年後の法曹界を引っ張っていく人材になってほしい。」という恩師の言葉の通り、さまざまな分野で活躍していて、現在も刺激を受け続けています。

　法科大学院時代に自習室で見つけた『ロースクール修了生20人の物語』を何度も読み返し、司法試験に合格できなくても他にも道はあるのだと励まされたことを覚えています。もし、これを読まれている方が法科大学院や司法試験の勉強で、行き詰まっていたり、自信をなくしたりしていても、これを読んで他にも道はあるのだと少し肩の力を抜いて考えてもらうことができたら幸いです。

あ と が き

「着物、似おてるやん。」
「私、修習生になる前、着物のモデルを少ししてたんですよ。」
修習生の修了祝賀会に行く前に着物姿で裁判官室に寄ってくれた。

　驚いた——
　着物モデルをしていたことではなく、ＧＰＳ事件で最高裁大法廷判決を導いたことである。
　亀石倫子さんは、修習を終え、ほとんど刑事事件をしている事務所に就職すると聞いて、「大丈夫かなぁ」と思ったほどである。
　ところが——ＧＰＳ事件では、レンタルした車両にＧＰＳ端末を取り付け、実際に実験をして新たな証拠を作るなどし、判決はマスコミにも大きく取り上げられた。一躍話題の人になった。
　ほかにも、私が修習中に知り合った人としては、南和行さんと三輪記子さんがいる。
　南さんは、大阪修習中に同性愛を告白し、周囲を驚かせた。弁護士夫夫（ふうふ）として広く活躍している。拙稿「ロースクール修了生20人の物語」（民事法研究会、2011）では似顔絵を書いてもらっている。
　三輪さんは、京都修習で出会った。京都では、修習生の修了祝賀会が12月の合格発表後にあり、サンタクロースの衣裳で司会を担当していた。大渕愛子弁護士との論争の時には抗議のメールがかなり来たらしい。テレビ局が作ったあらすじはできており、それに従っただけであるのに、と言っていた。

　法曹は、活躍する場が広くなっている。かつては、「弁護士ってどこにおるねん」という感じであったが、今やマスコミによく出る弁護士

もおり、広く知られるようになった。

　もちろん、弁護士としての本来の活躍の場は、マスコミに登場することではなく、弁護士業務をいかに依頼者の信頼の下で誠実に行うか、ということである。

　深夜勤務の人との示談に夜中の3時に待ち合わせた、という話をある弁護士から聞いたことがある。「そんなことまでせんでええんちゃうん」と思うが、依頼者から早期に示談してもらいたいという意向が示され、深夜勤務の相手方はその時間を希望したのであるから、それに応えたということであった。金額の交渉は電話やメールで行い、最後の金銭の授受と示談書の作成は、夜中の3時に事務所に来てもらい、何かあった場合に備えて事務員に立ち会ってもらって行われたとのこと。終わった後、自販機でコーヒーを飲んだが、普段はなんとも思わない缶コーヒーがうまかった、という話をしていた。その弁護士は、依頼者にとって大きな仕事をこなした、ということである。

　「あれっ、離婚調停もしてるん？」
　大阪家裁に勤務している時に、離婚調停で来ていた亀石さんと出会った。
　「地道な事件もちゃんとしてますよ。」
　著名な事件に目が向く。でも、誰も注目していない事件を確実にこなしていくことも忘れてはならない。
　「マスコミは今は注目してますけど、忘れ去られるのも早いですよ。」と亀石さんは笑った。

　明日を信じて司法試験、頑張ってほしい──

司法試験トップ合格者らが伝えておきたい
勉強法と体験記

平成30年7月12日 初版発行

編 著　大 島 眞 一
発行者　新日本法規出版株式会社
　　　　代表者　服 部 昭 三

発行所	新日本法規出版株式会社	
本　社 総轄本部	（460-8455）	名古屋市中区栄１－23－20 電話　代表　052(211)1525
東京本社	（162-8407）	東京都新宿区市谷砂土原町２－６ 電話　代表　03(3269)2220
支　社		札幌・仙台・東京・関東・名古屋・大阪・広島 高松・福岡
ホームページ		http://www.sn-hoki.co.jp/

※本書の無断転載・複製は、著作権法上の例外を除き禁じられています。※
※落丁・乱丁本はお取替えします。　　　　　ISBN978-4-7882-8446-3
5100025　司法試験合格体験　　　　　　　©大島眞一 2018 Printed in Japan